音が描く日常風景

振動知覚的自己がもたらすもの

伊藤精英 著

新・身体とシステム

佐々木正人・國吉康夫 編集

金子書房

序

二〇〇一年から刊行を開始した第一期シリーズ「身体とシステム」の序は、以下のように書き始められた。

現在、心（マインド）の科学といわれている領域がはっきりと姿をなしたのは十九世紀後半のことである。しばらくして人々はその新しい領域を心理学と呼び始めた。この新しい学問は、医学や生理学、生物学、物理学、文学などと連続した領域であり、二十世紀哲学の母体でもあった。心理学というのは多種の思考の混淆体であり、そこには未知の可能性があった。残念ながらこのオリジナルの柔軟さはやがて失われた。物質科学の厳密さへのあこがれに縛られ、対象を自在に見詰める眼差しは曇った。リアリティを研究者の都合で分裂させ、その一つ一つのかけらのなかで事象を因果的に説明しつくす方法論が急速に浸透した。その流儀の後継者たちが長らくこの領域で優位にたった。

そして序は以下のように続けられていた。

二十一世紀になった。いま種々の領域がまったく独自に心の研究をはじめている。はじまりの心の科学の活気が戻ってきている。

本シリーズのタイトル「身体とシステム」は、ここに述べられているように、還元主義と因果論を特徴とする二十世紀心理学の伝統とは異なる「ヒトの科学」の道を探るあらゆる試みを意味していた。シリーズの第一期では、この機運を、文化、社会、認知、表現、記憶などの領域で示す六冊を刊行した。

第一期から時が経ち「身体とシステム」の動向には、その核心部分で、つまり身体それ自体の捉え直しにおいてめざましい進展がある。ここに刊行する「新・身体とシステム」シリーズは、このように急速に変わりつつある「身体とシステム」のすがたをあらためてコンパクトな叢書として読者に届けるために企画された。

現在の「身体とシステム」は二つの動きからなる。

すでに一九三〇年代の革新は、ヒトの動きが下位システムの複合する高次システムであることを見通していた（ニコライ・ベルンシュタイン著『デクステリティ 巧みさとその発達』（工藤和俊訳／佐々木正人監訳　金子書房）ように、二十世紀科学は、ヒトの動きが機械の運動とはまったく異なる原理によることを明らかにした。いまではマクロな身体現象に複雑系や、とくに非線形科学（非平衡現象の科学）の解析法をもちいることがトレンドになり、洗練された方法は身体についての知識を一変させた。これが第一の動向である。

こうした運動科学の世界的な変化に、知覚の生態学的アプローチが合流したのは一九八〇年頃である。二つの出会いが、媒質（空気）の光構造や、振動の場、ソフトな力学的接触などからなる生態学的情報に身体が包まれ、身体運動の制御がそれらと無関係ではないことを明らかにした。周囲に潜在する膨大な意味が、包囲情報が特定する環境表面のレイアウトにあるという発見がもたらされた。身体とそれを囲むところをシステムと考える、この第二の動向は、認知科学、ロボティクス、リハビリテーション、プロダクト・デザイン、建築などの分野に広がっている。

わが国の研究者は、この環境と身体を同時に射程に入れるヒトの科学の一翼を担っている。二〇〇七年に新時代の「身体とシステム」を議論する「知覚と行為の国際会議」が横浜で開催され、半数以上の海外発表を含む百五十名の参加者が交流した。

このような時代に書き継がれる、「新・身体とシステム」各巻には、概念と事実の新しい展開が提示されている。ベルンシュタイン問題（多自由度身体の制御法）への確立したアプローチ、非線形運動科学による多様なジャンルの複雑な行為の解明、身体に生まれながら埋め込まれている（固有の）ダイナミクスをベースとする発達運動学、包囲音情報に含まれている行為的意味の音響分析、面レイアウトの意味を探る生態学的幾何学、実世界動物のしなやかで巧みな振る舞いの原理から構成するソフト・ロボットや乳児ロボットなどが各巻の主題となる。
各巻は、身体について、その動きの原理について、身体の周囲をデザインすることについて、はじめて述べられることが、わかりやすく紹介されている。心理学とその関連領域の研究者や院生のみならず、ヒトの科学の新時代に興味を持つ若い高校生や学部生をはじめ「身体とこころ」について考える広い読者にも、このシリーズの各巻が何かのヒントになれば幸いである。

二〇一六年五月

「新・身体とシステム」編者
佐々木正人
國吉康夫

目次＊音が描く日常風景——振動知覚的自己がもたらすもの

目次

目　次

まえがき

「森と湖の国スウェーデン。かつて山合いの地域では奇妙な歌声で森の中に散らばった牛や山羊を集めた」というアナウンサーの言葉が冒頭で流れ、テレビ番組がスタートする。以下、アナウンサーとレーナという女性のことばを読んでほしい。

ナレーター：スウェーデンの山間部に暮らす女性たちは、数百年前から独特なハイトーンボイスを駆使してきた。この甲高い声はキュールニングとよばれる牛飼いの歌声だ。夏、放牧の季節、女性たちは牛や山羊を山に連れ歩いた。甲高い声は、時に遠くへ行ってしまった山羊を呼び戻すため、時に狼や熊から牛を守るため。地形が複雑で寒暖の差が激しい山岳地帯、音の伝わり方は気温や湿度の影響を受け変化する。

レーナ：その時の風によって違うから、自然に従うしかないわね。例えば森の中ではこんな感じの声がいいのよ。

（声を出す）

この声のほうが森の中では通るの。自然状況で声は使い分けるのよ。ハイトーンは見通しのいいところで湖を越え、声を山にぶつける時、効果的よ。ハイトーンは遠いところまで届くし、山にぶつかって反響するから……。

（声を出す）

木が密集してなければいいんだけれど……。

ナレーター：キュールニングは温度や湿度によってトーンを変えてゆく。レーナは感覚でどの音が一番よく届くのかわかるという。

レーナ：キュールニングは実用音楽です。私は、女性たちや動物たちから教わって身につけました。

（後略）


これは、二〇一一年七月二十八日、NHK　BSプレミアムで放映されたテレビ番組『Amazing Voice 驚異の歌声』の中で語られていたことばを私が書き起こしたものである。番組内では実際にキュールニングという発声法が実演されていたが、その声は、歌唱とも動物の鳴き声ともいいがたい、なんとも不思議な発声である。

彼女たちは広がる大地、山々、そして湖が作り出す地形、空気の温度や湿度が音をどのくらい遠くまで伝え、音をどのように反射させ残響させるのかを熟知している。さらに、はるか遠くまで移動してしまった牛や山羊の動き、捕食者である狼や熊の存在までも知覚しているのだろう。ゆえに、前述のように地形、目的に応じてキュールニングの声質を柔軟に変える。つまり、キュールニングが可能な女性たちは、森と湖からなる場所と、動物の動きという出来事をまさに「聴いている」のである。場や出来事を聴くことができることこそ、この「奇妙な歌声」を巧みに操るための基本的な聴く技ともいってよいだろう。

聴くという技術が生きていくことを支えている人々は他にもいる。それは目の見えない人たちだ。生まれつき目が見えなければ、知らず知らずのうちに聴くコツを身につけている人も多いだろう。ところが、なんらかの原因で成人してから視力を失った人たちは、そのような技をたやすく獲得できるとはかぎらない。視覚障害者のリハビリテーションの現場で訓練士が「音をよく聴いて、というフレーズをついつい使って指導してしまう」という逸話を耳にしたことがある。とはいえ、「音をよく聴いて」といわれても、いったいどの音をどのように聴けばよいのか、戸惑う人も少なくない。

本書の中には、自覚的にせよ無自覚的にせよ、「音をよく聴く」とはどういうことかについて理解を深めるためのヒントが散りばめられている。音がいったい日常生活の何を指し示してくれているのか、音をどのように聴いているのか、そして聴こえが身体を動かすこと、つまり生活することとどのように結びついているのかなどを詳らかにすることが本書のテーマである。そのために、本書では再三にわたり目の見えない人が日常生活の中で音をどのように聴いており、どのように利用しているのかを示していく。

しかし、強調しておくが、この本は、目の見えない人の聴こえの世界を記述することのみを意図した本ではない。彼らは聴覚や自己受容感覚を有効に利用している場合が多いので、単に本書で取り上げたい内容の理解の助けとして、彼らの聴こえの世界を取り上げているにすぎない。

右記に聴覚という用語を用いたが、聴覚は知覚の一つであり、生態心理学では知覚は能動的であると見なしている。そこで、本書で「きく」「きこえ」という表現をする時は、一部の例外を除いて「聴く」「聴こえ」と表記した。

各章はある程度独立しており完結している。したがって、必ずしも0章からV章という順に読まずとも、興味が持てそうな章、節から読み進めていただいて差し支えない。読んでみて読者の方々にはぜひ、壁やドアなどの前に立ってじっと耳を澄ませてみてほしい。森、川、海に出かけていって目を閉じて、葉のこすれる音、雨音、潮騒、せせらぎ、鳥や虫の鳴き声など、その場で聴こえる音に耳を傾けてみてほしい。

本書で取り上げた話題の理解を助けるために、音源をインターネット上に公開した。本文中、音01など番号を付記している音の事例については次頁のサイトに公開しており、ＱＲコードを読み込んでいただければ聴くことができる。百見は一聞にしかず。この書を読む際には傍らにスマホやパソコンを置いて、ぜひ音を聴きながら読み進めてほしい。なお、試聴にあたってはイヤフォンなどを使用することをおすすめする。よりリアルに音を感じることができるはずだ。ただし、思いがけずに大音量で再生される可能性もあるので、音量には十分注意してほしい。

０章では私の失明体験を題材に、自己の意識が必ずしも視覚に依存しないことを述べよう。Ⅰ章では茶の湯の世界における音と身体の関わりについて述べよう。Ⅱ章では目の見えない人が目的地まで移動することを例に、非視覚的情報の具体的な例を示す。Ⅲ章では反射音を利用した聴覚スキルについて詳述する。いわゆる障害物知覚とよばれる目の見えない人が獲得している知覚のメカニズムや身体運動との関わりについて述べよう。さらに、０章でふれた聴覚的自己と振動知覚的自己について掘り下げる。Ⅳ章では音を発する出来事を音情報だけでどのように知覚できるのかについて、日常生活の例を引き合いにして述べよう。Ⅴ章では雨音に焦点を絞り、前章までに述べてきた音に存在する知覚的情報の概念を自然事象に拡大し、生態学的聴覚論の可能性を示す。ギブソンがちょうど光情報の観点から自然環境を記述したように、音情報の観点から自然環境を記述する試みの第一歩としたい。

専門的な用語を使わざるをえない箇所も多々あるので、音響用語は註釈として簡易に説明してある。生態心理学の用語については0章のコラムにまとめた。

生態心理学は認知科学者など専門家だけのものではない。なぜなら、誰もが容易に体験でき、知見を発見できる、「万人のための万人による万人の（地球の）心理学」であるから。

本書に収めた音源は次のＵＲＬかＱＲコードで入手できます。
https://www.youtube.com/playlist?list=PLHYdtvI0hWdFLDSGqTbTyGT5HRFaGTUgD

0章 新しい自己のはじまり

失明と同時に、私の中で視覚以外の複数の感覚が有機的に組織化されていくプロセスがはじまった。最初は混沌としていた音環境が構造化され、新たな自己の確立につながっていった。視覚的自己が崩壊し、それに代わって聴覚的自己が萌芽し、さらには振動知覚的自己が覚醒しはじめた。

その時、見えなくなってもまだ生きているという事実

ある夏の日、その時は突然やってきた。夕方だった。私は盲学校の盲人野球（当時はこうよばれていたが、現在では「グランドソフトボール」と改称されている）のクラブ活動中で山中湖畔の合宿所のグラウンドにいた。一心にボールを追いかけていた。この頃私はまだわずかに視力を有していて、一メートル離れた人の顔がわかるくらい（ローヴィジョン）であった。盲人野球をする時には視覚を利用していた。盲人野球ではハンドボール競技で使用されるボールを転がし、バッターはそれをバットで打つ。ローヴィジョンであれば目で見てボールをキャッチし、全盲であれば転がる音を頼りにバットを振ったり捕球したりする。

当時、私は数メートル離れた地点からならばボールが接近するのを見ることができた。しかし、その時、私の身体はクラブ活動の疲れから、体力的な限界を迎えていた。ボールが正面から接近してくるのをぼんやりと見ていた。しかし、身体が動かなかった。ボールは正面から顔面に衝突した。視界が一瞬、揺れた。水槽の水面が波立つように。しかし、すぐにまた以前と同じような視界が眼前に開けた。ボールは確かに顔面、いや、眼球に衝突していたが、どうやらたいしたことはないなと思った。

ところが、それは自分で自分を勇気づける言葉でしかなかった。すぐに盲人野球の練習を再開したが、先ほどとは何かが違うことに気づいた。ボールを捕球できない。手を出してい

るのだが、なぜかボールが手の中に入らず、胸や腹に当たる。練習の最後にベースランニングを行った。ベースのある方向に走っていく。しかし、見えてくるはずのベースが現れない。はじめて不安がよぎった。何が起きたのだろうかと。その夜、不吉な予感を払拭するように、私はさかんに自分の腕時計を見たり、天井に取り付けられている合宿所の明かりを見上げたりしていた。見える、いや、見えてほしいと願いながら。そして眠りについた。

視機能低下の進行はボールが急勾配を転げ落ちるように思いがけず早かった。朝、目が覚めた。眼前が暗い。まだ夜だろうかと思った。頭が冴えてきた。ぼうっとした光が見える。夜ではない。朝のはずだ。自分の腕時計を見てみる。見えない。文字盤は紺色のはずだが、それさえわからない。まずいと思い、頭を上げ寝床から出ようとして身体が何かにぶつかった。二段ベッドの下段に寝ていたので、頭が上段のベッドにぶつかったのである。壁も見えない。

二段ベッドから這い出た。周囲を見回す。ぼうっと光が見える。たぶん窓からの朝日だ。しかし、まばゆいほど強くない。歩いてみる。光に近づいていっても視界が明るくならない。窓越しに見えるはずの景色がわからない。窓枠や外に広がる木々までの距離感がつかめなかった。景色などという精細な物体の視知覚、外の景色の色彩の知覚はもはや不可能だった。私の視覚的世界は構造を失い、ただの明暗から成り立っていた。しかも不明瞭な明暗であった。色彩の変化や物の形状や場所の広がりの感覚さえも存在しなかった。この時はじめて視覚を失うかもしれないと気づき、少しばかりの恐怖を覚えた。その恐怖はあっという間に私の心を圧倒的に打ちのめした。勝敗は決していた。程なくして、明暗さえも失われたからだ。

朝、起床してから数時間たたないうちに、私は光と影さえも見えなくなった。失明したことをはじめて実感した。しかし、即、状況を把握できず、自分の身に何が起きているのかを理解することができなかった。唯一自覚したことといえば、目が見えないことのみだった。そしてそれは疑いもない事実だった。

さらにもう一つ、疑う余地のない事実があった。それは、視覚世界を感じなくても私は以前と変わらず生きているということだった。そう、視覚的自己を喪失してもまだ何らかの自己が存在していたのである。それまでは視覚的自己の優位によって、あたかも機能していないかのような存在であった別の自己が、その時、潜在的なところから顕在的なところへ立ち上がろうとしていた。

混沌から構造へ

緊急手術の甲斐なくして、私は完全に失明した。視覚以外の複数の残存感覚が有機的に組織化されていくプロセスが、その時まさにはじまったばかりだった。

視覚に頼らずに日常生活を送るための生活訓練（現在、自立訓練という）、街路を移動するための、いわゆる歩行訓練を開始した。これらの訓練は通学していた盲学校で行うことになった。失明してからはじめて、通い慣れた学校の教室に入った。この時の印象はよく覚えている。久しぶりに会うクラスメイトたちの声がする。三年も通い慣れたはずの教室の中なので、隅から隅まで知り尽くしていると思い込んでいた。しかし、その知識は視覚世界の知識だった。視覚世界の情報源を利用していたにすぎなかった。友人の声がする。しかし、距離感がつかめない。歩けば机の角に思いっきりぶつかり、横を向くとロッカーに身体を思いっきりぶつけてしまった。窓があるはずだがわからない。触る物と音（註1）との対応関係がついておらず、感覚がばらばらになったままである。しかも、音から距離感がつかめないので、奥行きのある音環境が私には存在していなかった。つまり、音環境の混沌である。この混沌から私の新たな自己の変容がはじまった。

現在、私が知覚している音環境は混沌ではない。混沌から構造化した環境へと移行しているからである。構造化されたのがいつなのか私には知るすべはない。あくまで回想的にしか推測できない。思い返すに、失明からおよそ半年経った春、とあるコンサートに出かけた際に、ステージの方向、コンサートホールのスピーカーまでの距離、そして、観客が多いか少ないか、天井が高いか低いか、自分の座席から壁までの距離などを推測できていた。この頃になると、通い慣れた盲学校の教室の中でロッカーや机に衝突することはなくなっていた。友人たちの声までの距離はおおよそわかったし、部屋が広いか狭いか、窓はどこにあるか、そして窓のカーテンが閉まっているか否かまでがわかるようになっていた。

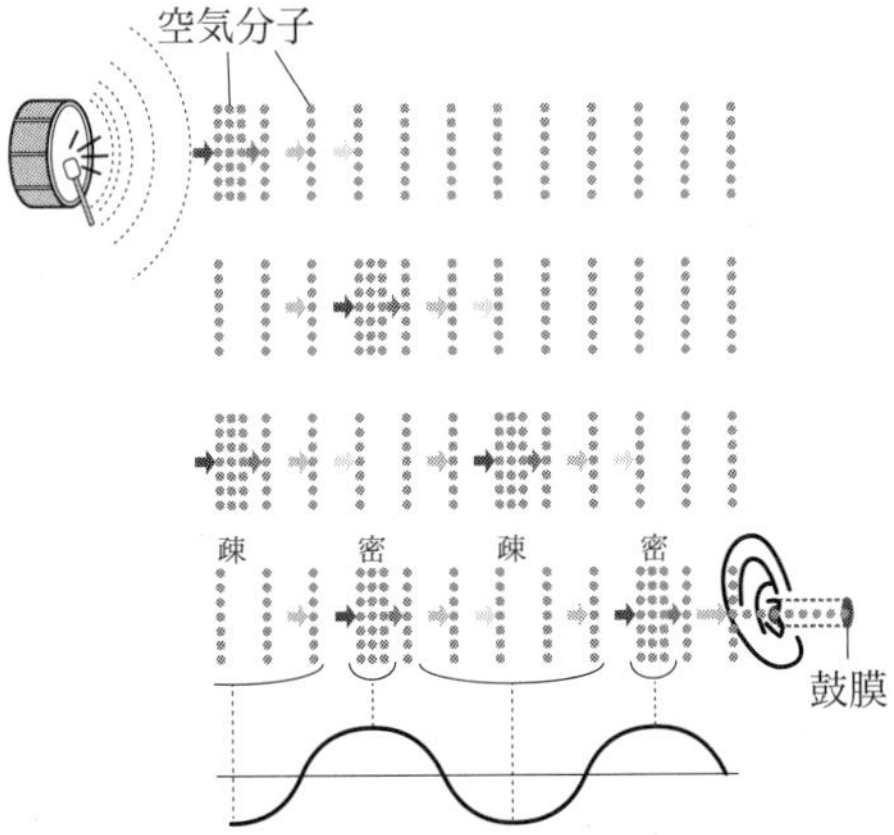

図　耳に伝わる過程

註1　音（sound）、あるいは音波とは、媒質の振動の中で、その波が耳に到達した際に、「聴こえ」という知覚的現象を引き起こす振動の総称である。ここでいう媒質とは、気体、液体、そして固体であるが、陸上で生活している人にとっては、音の媒質は空気である（図参照）。
空気を伝播する波というのは、空気の分子を揺らすことで伝わる。野球スタジアムの客席などで見られる「ウエイヴ」にたとえられる。図のように、太鼓を叩くと鼓面の膜が振動する。すると、膜の近傍の空気分子は横に押し出され、隣接する空気分子と「押しくらまんじゅう」するような密な状態となる。そして、この密な状態から隣り合う空気分子が押し出されてまた近傍へと移動する。それぞれの空気分子は同じような場所で行ったり来たりしているが、空気分子の揺れにより生じる疎密が人の耳の鼓膜や身体の骨に達して、鼓膜や骨を振動させる。その結果、聴こえという知覚的現象が生じる。そして、疎密の繰り返しは図のように谷と山を繰り返す波形として表現される。

盲学校に復帰してから、生活訓練や歩行訓練は連日行われていた。生活訓練ではやかんに水道水をあふれないようにためること、そして、やかんから容器に水を注ぐことなどを練習した。詳しくはⅣ章2でふれる。これらの課題では水がやかんや容器にたまっていく際の音と手の動きの協応、いい換えれば「聴覚―行為循環」を学習することが求められていた。歩行訓練では毎日のように白杖《はくじょう》で地面をコンコンと周期的にタッピングしながら目的地まで歩く課題を行っていた（音01）（註2）。タッピングにより白杖が路面と接触して発生する音から多くの知覚情報をピックアップすることを学習していった。白杖タッピングにより生成された音そのものが、路面の凹凸や硬さなどの状況を反映する。加えて、周囲に建物や塀があればタッピング音が反射し、それを聴くことができる。

白杖使用者は既存の音環境を自ら変容しながら有用な知覚情報をピックアップしている。この意味で、歩行訓練もまた残存感覚の使い方と身体の動きの協応学習でもあった。必要に迫られた視覚以外の知覚―行為循環の獲得が基となり音環境を混沌から構造化へと変容させ

註2　まえがきでもふれたように、本書で取り上げた音の多くは、左記のサイトにアクセスするか、下記のＱＲコードを読み込むことによって自由に聴くことができる（https://www.youtube.com/playlist?list=PLHYdtvI0hWdFLDSGqTbTyGT5HRFaGTUgD）。

たのであろう。そして、新たな自己の確立に大きく寄与したことになる。

聴覚的自己（auditory self）への飛躍

光を失うと真っ暗になるのか、という問いをよく耳にする。また、視覚がself（自己）の準拠枠になっているのではないか、という疑問もよく寄せられる。しかし、両者とも私の回答は否である。全盲者は暗黒の世界を知覚しているのか？　いや、暗黒の世界を「見て」いるのか？　それはない。その理由は、光を感受しない以上は暗さも感受しないからである。明るい、暗いという視覚的な主観的経験は相対的である。

私の体験では少なくとも失明後、一年から一年半が過ぎると、周囲の音が構造化されて、自分自身の残存感覚同士が再組織化されたように思う。つまり、生後そなわっていた自己の準拠枠のうち視覚的準拠枠を失ったため、一度自己が崩壊する。その後、残存知覚システムの再組織化が知覚―行為循環学習により促された。結果、新たな自己の枠組みが残存知覚システム間にできあがったというわけである。それはもはや、残存感覚の単なる加算的な結果ではない。残存感覚同士が再体制化した結果現れた新たな自己である。光の芸術家であるジェームズ・タレル（一九九九）がいう「知覚的跳躍」（perceptual jump）ともいえるかもしれない。システムが変わったということは知覚経験になんらかの飛躍（jump）が起きていたはずだ。

生態音響・振動学アプローチの提案

生態心理学を創始したアメリカの知覚心理学者、ジェームズ・ギブソン（Gibson, 1979）は、音速の研究を行ったマッハ（Mach, 1893）の概念を拡張して視覚的自己（visual self）の重要性を問うた。視覚を喪失した自己の枠組みにとって、主役は少なくとも視覚的自己ではない。では何か。私の経験と仮説では自己の準拠枠の再組織化の中心になるのは、聴覚的自己（auditory self）、さらに振動の観点からいえば、振動知覚的自己（vibrational self）であろう。

視覚的自己において、視野に自分の鼻などの身体が見えることが準拠枠として重要とされている。では、聴覚的・振動知覚的自己にとって同じ役割を担うのは何か。それは、第一に左右の耳とそれに挟まれた頭部である。音環境は頭部の外側に通常定位（localize）するように聴くことができる。これを頭外定位という。また、音環境との関係はこの頭部を準拠枠にする。頭部と両耳との位置関係は個々の人にとって不変だからである。

第二はさらに、聴覚的自己を敷衍すると、振動知覚的自己になる。その基軸は体幹である。いうまでもなく、音は固体・気体・液体など媒質の振動のうち、耳の中で「聴こえ」という知覚的現象を引き起こす波である。ゆえに、音を手がかりとする聴覚的自己は振動知覚的自己の一部分であるといえる。

日常環境には聴覚受容細胞レベルでは感受できない振動も多く含まれている。低周波あるいは超高周波（註3）である。これらは、聴覚受容細胞から感受されるというよりも、身体の振動として中枢神経系に伝播されるのではないだろうか。足の裏から頭まで続く筋骨格系は耳では感受できない振動を伝達するであろう。これらの身体の機能は振動知覚的自己の中核なのではないだろうか。視覚的自己を喪失しても自己の再組織化に成功すると、聴覚的自己・振動知覚的自己が主役となり、環境内に目の見えない人が定位する（orient）ことを可能にする。

失明体験は多くのことを私に示唆してくれた。第一に、生態心理学的観点が私の経験的世界といかによく合致するか、第二に、自己概念を表象主義的な理論の独占所有物にしておくにはあまりにも不十分であって、自己概念は生命の持続という根本的な問題を扱ううえでの重要な概念であるということ、これらを示唆してくれたのである。

このように、失明しても身体は十二分に機能することを、身をもって実感した。このことが後の心理学研究の道につながるとは、その頃はもちろん知る由もない。今、私が研究しているテーマの中心は、周囲の音によってどのように環境を知覚できるのか、環境の知覚における聴覚と振動知覚の関係、そして、そもそも自己とは何かである。これらを探究する動機のヒントは当時の失明体験の中にあったのだ。
次章からは、伝統芸術から日常生活にいたるまでさまざまな事例を引き合いにし、生態学的聴覚・振動知覚について紹介する。

註3　超高周波とは、人の耳が音を聴くことができる上限ぎりぎりの周波数以上の空気振動のことである。一般には超音波とよばれることが多い。ただし、このようなきわめて高い周波数の空気振動であっても、条件が整っていたり若年者の場合は聴こえることもある。ゆえに、本書では超音波ではなく超高周波音と表記することにする。

コラム1　本書で用いる生態心理学用語について

ギブソンが創始した生態心理学では知覚と行為を包括的に扱おうとし、生態光学とよばれる光情報を利用した視覚の研究や、アクティブタッチやダイナミックタッチとよばれる触覚研究が主として行われてきた。聴覚については、ギブソンが一九六六年に出版した本の一章を割り当てて述べているのみである。この時、生態音響学という用語は用いられなかったようだ。その後、音響心理学の研究者が生態心理学的観点から聴覚研究を行い、生態音響学（ecological acoustics）という用語が使用されるようになった。本書では生態心理学の視点から聴覚、振動知覚にせまる。これに先立ち、本書で用いる重要な用語について解説しておく。

放射音

固体・液体・気体などの動きにともなって放射される音波の総称をいう（図0-1）。一般に、直接音とよばれることが多い。多くの人は音という言葉から連想されるのが直接音であろう。

反射音

音を出さない壁面などの物体や地表面に放射音波が到達し、それが跳ね返った音波のこと（図0-2）。Ⅲ章以降で取り上げる知覚現象は放射音と反射音の利用について述べている。

残響

放射音、反射音が音を出さない複数の表面に反射し、その結果、音エネルギーが存在している状態をいう（図0-3）。一般に残響音は間接音とよばれることが多い。残響は生態光学における光の分類でいうところの「照明」に類似している。

包囲音

聴取点（註４）に到達する音波すべてを包含する音場《おんじょう》の状態をいう（図０－４）。包囲音は生態光学における光の分類でいうところの「包囲光」に相当する。包囲光が生態光学独特な概念であるのと同様に、包囲音もまた生態音響学特有の概念である。無響室とよばれる音波を吸収する部屋のような特殊な場所でないかぎり、私たちの周囲には包囲音は必

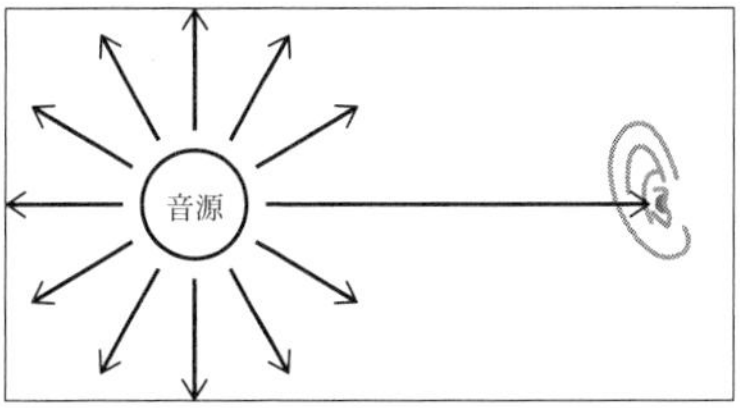

図0-1　放射音

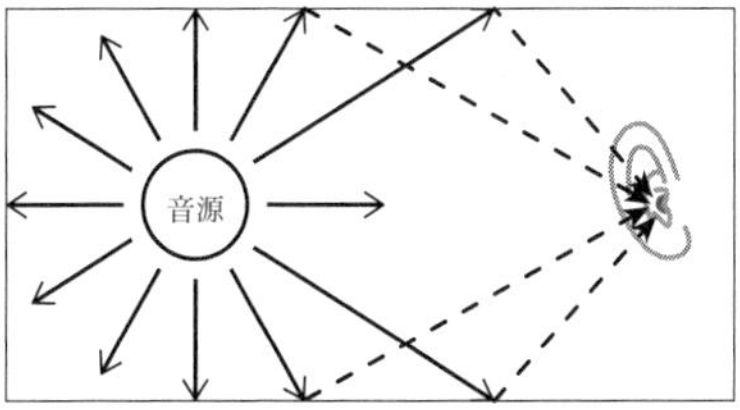

図0-2　反射音

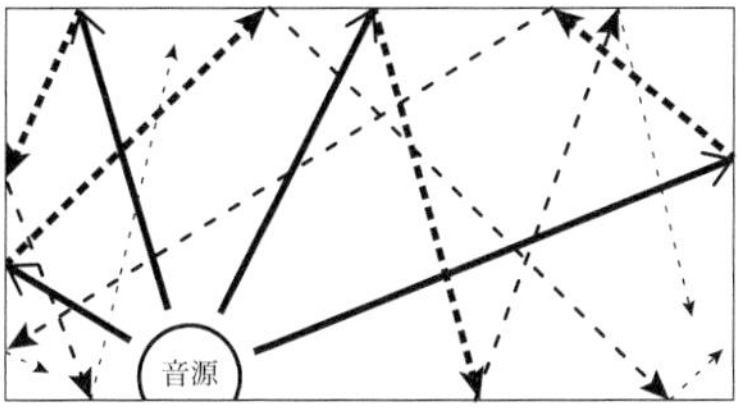

図0-3　残響

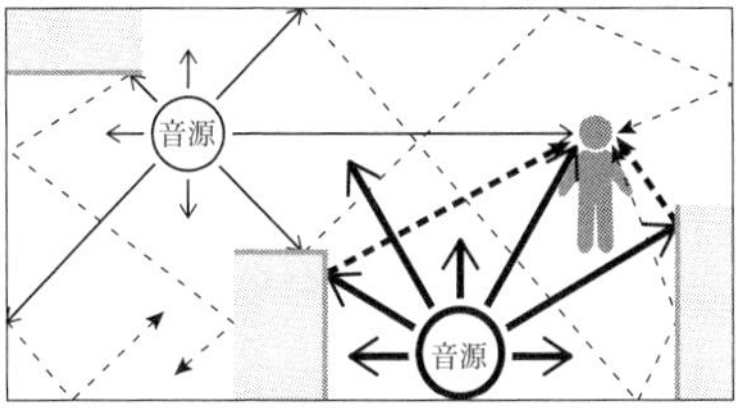

図0-4　包囲音

ず存在する。放射音・反射音は音のエネルギーそのものであり、いわば聴覚受容器に作用する音刺激である。一方、残響・包囲音は音場の状態により決定されるため、聴取者（註5）にとってはそれらは「刺激」とは見なされない。むしろ、聴取者は残響・包囲音の中から場所や事物を特定するための「情報」をピックアップしている。それは包囲音、つまり音で満たされている場所がどのようなレイアウトになっているのか、音源、音を出さない物体がどのような属性なのかを知るための情報となりうる。II章で取り上げる目の見えない人の移動においても、全盲者が頻繁に残響や包囲音を情報として利用していることがうかがわれる。

情報と刺激

一般に情報という用語が用いられる際にはその文脈ごとにこの用語の含意する範囲が異なるように思われる。本書で用いる情報という用語は、通信工学やコンピュータ科学などで多用される情報の意とは大きく異なることに注意してほしい。本書の中で私が情報、あるいは知覚の情報、知覚的情報、音情報、光情報という表現をする場合、それらが含意しているのは、知覚システムが環境を探索することと深く関連している。

情報とは、知覚システムが人の周囲すなわち環境を構成している場所、対象物、そして事象を特定するためにエネルギー場（Gibson, 1979　古崎・古崎・辻・村瀬訳、一九八五のいうエネルギーの海）の中からピックアップする（pick up　取り出す）ことができる「もの」である。ここでいうエネルギー場とは、光、振動、圧、化学物質の配列あるいは勾配を意味し、連続的な感覚作用を引き起こす。この感覚作用配列から変化したことおよび不変なことを反映するパターンをピックアップする。このようなパターンが知覚情報になるのである。環境と知覚者自身（自己）を同時に知覚しうることからすると、情報は場所、物質、事象のみならず自己を特定するために知覚システムが利用可能なものである。たとえていえば「道具」あるいは「手段」である。どのような「道具」を使いこなすことができるかというのは、その知覚者と環境とのかかわり方の様式により多様となる。

註4　聴取点（listening point）は、聴取者が存在している場所の中で音を感受する位置である。聴取点という場合には、ほぼ両耳あるいは単耳が音場の中で占める位置を示すと考えてよい。あえて言及しないかぎりは、両耳であろうと単耳であろうと問題ではない。さらに、耳に入射する音波は頭や身体の遮音や回折を受けてから到来するが、そのような身体の影響を考慮せずに、音が感受される位置を聴取点とする。聴取者側からすると音波の入り口が聴取点であり、環境側からすると包囲音の中心であることを暗に含意する。
註5　聴取者（listener）とは、音を聴く主体としての人をさす。周囲の音を聴く時に、人は、自覚的にも無自覚的にも、頭や身体を動かして聴くことが多い。そして、人は音を聴きながら場所を移動する。そういう意味で聴取者という用語は、耳だけでなく、身体全体を使って周囲の音を聴く、知覚する人という意味を含意する。

ある人がピックアップすることができる情報とほかの人が利用している情報は同じ場合もあれば異なる場合もある。エネルギー場そのもののどのような構造を識別できるか、あるいはエネルギー場の中のどのような構造をピックアップすることができるかにより、「道具」(情報)は異なる。ミクロな構造の違いを識別する知覚者と、人が占める場所全体のマクロな構造の差異を識別する知覚者とではピックアップされる情報は異なってくるだろう。

本書では「情報」と「特定する(特定される)」という用語はセットで多用されている。本書で意図した「特定する」という意味は、「この場所は○○である」、「この対象物は△△である」、「起きている出来事は××である」などというように、場所、対象物、出来事が明確に「わかること」を意味する。繰り返すが、本書の語法において情報は、情報処理理論で用いられるものとは歴然と区別される。生態心理学的観点からすると、知覚の情報は決して処理されるような類のものではなく、人の周囲に存在する刺激配列中からピックアップすべきものなのである。

心理学をはじめとして一般的に人の心に作用する事物を刺激と称する。刺激と情報には主としてまったく異なる点が三つある。第一に、刺激は感覚作用を引き起こすのに対し、情報は知覚経験を引き起こす。第二に、刺激には構造はないが、情報には何らかの秩序あるいは構造がある。第三に、刺激は受容器に対して感覚作用を引き起こすか起こさないかの閾《いき》（換言すれば感度）があるが、情報にはそのような閾はない。刺激が感覚作用を引き起こすか否かは閾・感受性と密接に関連しているのに対し、情報はピックアップする技術、識別する技術と密接に関連しており、情報の利用精度は身体的な知識として獲得された学習性の「技」に依存する。

不変項

刺激や情報に次いで重要な用語として不変項がある。不変項とは文字通り、変化しない項目である。対になるのが変化項であり、これは変化する項目を意味する。変化し続けることが存在する一方で、持続し普遍であることが存在する時、後者が不変項である。不変項も変化項もまた、情報である。

知覚―行為循環

知覚（perception）あるいは知覚すること（perceiving）とは、生きている人が当たり前のように過ごしている日常の周囲とつながり続ける（keeping-in-touch Gibson, 1979 古崎・古崎・辻・村瀬訳、一九八五）ために誰しもが行っている活動（psychoso-

matic act）のことである。具体的には周囲に存在している物、場所、出来事、あるいは自分自身の内側の出来事を同時あるいは個別に気づくこと（awareness）である。本書で知覚するという時、能動的という用語を付け加えてはいないが、人が体を動かすこと、あるいは行為することも暗に含意している。実世界の事物や自己の内部を知覚する活動を描写する際、動くことや行為することを強調したい時に、あえて知覚―行為循環という表現を用いている。知覚―行為循環という時、「知覚は行為のためにある。そして、行為は知覚のためにある。」という内容を表している。知覚も行為も互いに原因にも結果にもなることをこのフレーズは意味している。知覚と行為は連関的な構造をなしている。
知覚―行為循環に関する解釈を深める助けに私の経験談を紹介しよう。ある歯科医が私に歯磨き指導をする際、「もっと自分の歯や歯茎を意識してください」と助言した。歯を意識するなど今まで考えたこともなかった私は当初困惑した。歯を意識しながらブラッシングをするというのはどういうことなのだろうか。この歯科医が使った「意識する」という言葉の本意は本書の文脈でいえば知覚することと同義であろう。
歯を意識する、つまり歯の状態について気づくためにはどうすればいいのか、当初はわからなかった。そこで、まずは歯に当てるブラシの角度、強さ、動かし方をいろいろと変えてみた。最初はブラシが歯や歯茎のどこにふれても何か硬い物に接触しているとしか気づかなかった。しかし、ブラッシングを続けていくと、徐々にその接触の感覚が変化してくるのが知覚できるようになってきた。つまり、今までわからなかったことに私は気づきはじめた。歯茎にブラシの先が当たった時と歯自体に当たった時ではブラシを持っている手に伝わってくる感触が異なることに気づいた。考えてみれば当たり前であるが、ブラシを左右、斜め、上下に動かしていると、歯茎よりも歯のほうが滑りやすく、摩擦が少ない。歯に比べて歯茎のほうが柔らかいということが知覚されるようになってきた。さらに、動かしているブラシの先が歯茎に当たるとちくちくする感覚が生じたり、左右にこする力を加えると、時には歯茎がかゆくなり、時には心地よくなったりしてきた。どのように歯ブラシを動かせば歯茎が気持ちよいのか、どのような角度で歯ブラシを持てば歯の感触が手に伝わってくるのかなどがわかってきた。歯を意識するということは歯茎表面を触覚で知覚することであり、同時にどのように歯ブラシを動かせばよいのかという行為の仕方を調整することでもある。動かしている手からも歯や歯茎の状態が触覚的に知覚される。これが歯や歯茎の触知覚—ブラッシングという行為の循環である。歯や歯茎を触知覚するために歯ブラシを動かし、歯ブラシを動かすために歯や歯茎を触知覚する。このような知覚と行為の循環の例は日常生活の中にいくらでも探すことができるだろう。

入れ子
『広辞苑（第七版）』によると、入れ子の辞書的定義は「①箱などを、大きなものから小さなものへ順次に重ねて組み入れたもの。②内部に伏在する事情。（③以下後略）」である。生態心理学では入れ子の概念を環境の記述に適用し、生態学的入れ子構造という用語が多用されている。たとえば、山脈という大きな単位の起伏があり、山脈に個々の山が含まれ、さらに、その山には森があり、森は何本もの樹木から構成されるというように、自然界は上位の単位の自然現象が下位の単位の自然現象を包含している。Ⅳ章で取り上げる事象もまた、入れ子構造をなしている一例である。事象の入れ子構造についての詳細はⅣ章を参照してほしい。

I章 茶室内を満たす一期一会の音

日本の伝統文化の一つである茶道の世界では、音の役割に注意を向ける。茶室の中で生じる音はどれも小さく「耳を澄ます」ことが求められる。そしてこれらの音がふるまう人の行動の中心にある。茶室における音を詳しくみたうえで、音の解析によって、茶道という多感覚芸術の舞台にある音の要素をとらえてみる。

1　点前の動作と茶室内の音

ある晩秋の朝、私は土壁が施された民家の玄関にいた。「お邪魔いたします」といいながら靴を脱いで家に上がった。そして、コートを脱いで膝をついて目の前のふすまを開けた。眼前には外の騒がしさとはまったく異なる場所が広がる。茶室だ。まさに「市中の山居」というたとえよろしく、そこは静かな部屋だ。しかし、天井がフラットでないことや、向かって右側の壁の一部がへこんでいることが感じられた。時折、左の奥から近隣のカラオケボックスの音が漏れてくる。部屋の外の喧噪と山奥のような静寂とが同居している。

しばらくして、右前方から音がすることに気づいた。湯が沸いている音。冷え込んだ寒い朝の空気のためか、あるいはその場のもつ張り詰めた雰囲気のためか、身が引き締まる思いがする。このような緊迫感と、それを包み込むような静寂感という剛柔一体の佇まい、これこそが茶道という「道」の本質なのか、というのが初めて茶室を訪れた時の第一印象だった。

元々、茶道、華道、香道に個人的な興味関心があった。そこでこの日、正式な茶道を体験させてもらうために茶道教室の門を叩いたのだった。正式な茶道の所作を体験し、すっかり茶道、いや茶の湯の虜になった。なぜか。それは、茶道においては「聴く」ことの重要性が高いと思ったからだ。それで少々茶の湯と音について調べてみると、なかなか奥が深い。しかし、茶の湯において音は重要そうであるが、その詳細な記述は意外にも史料の中にあまり見受けられない。そこで、私自身が点前中の音を録音し、解析してみることにした。この章では茶の湯の舞台である茶室内の音と、聴くということについて考えてみよう。

図1-1　茶室の内部

2　点前中の音の分類

音を立ててふすまをパタンと閉める。私は案内されて定位置に正座して姿勢を正す。そして、しばらく静かな時が過ぎる。その静寂の中、右斜め前で「シュンシュン」という音がしていることに気がつく。コンロなどに着火した音はしなかったので、おそらく入室するずっと前からその音は鳴り続けていたのであろう。ただ気づかなかっただけだ。部屋の中の反射音、残響はとても低い（音02）。

程なくして、ザーとふすまを開ける音がして、人が入ってくる。「ずーっ、ずーっ」という畳を歩く独特な足捌《さば》きの音、一歩、二歩……、そして、私の前方（「点前座」とよぶ）に座る。なんだかごそごそと音がして、また起立し、入ってきたほうへ戻っていき、パタンとふすまを閉める音がする。このようにして点前がはじまった。

茶道では騒がしくすることは望ましくないという。客も亭主（茶会の主催者）も大きな声を出すことを控えなければならないそうだ。現に私が茶道を体験した時も、とにかく点前中は静寂が続いていた。文献によると、露地（茶室に付随する庭）を歩く時には客も亭主も露地草履や露地下駄を履くこと、歩き方は騒々しくもなく、かといって音を出さぬように恐る恐る歩くのもよくないとされているらしい。求められることは穏やかに音を立てずに歩くこと。ただこれは茶道の巧者にならないとできないことなので、千利休は雪駄《せった》を考案したともいわれている。

点前において茶室の静けさはとても重要視されたのであろう。それは、茶室という非日常的な雰囲気が別世界をつくり出すことで、先人たちは心の平安を求めたからではないだろうか。そのために、茶室という場所を静穏にすることで過剰な感覚刺激を取り除き、雑念を心から閉め出す。これが環境側からの統制である。一方、人に対してはどうだろうか。茶道の舞台としての場所では「耳を澄ます」という行為を要求する。これが人に対しての統制である。つまり、茶室内で感じられる刺激への感覚を研ぎ澄ますことが求められる。点前の所作にともなう音はどれも小さい。注意深く聴くようにしないと気づきにくい音ばかりだ。

さて、この静かな部屋の中にいて聴こえる音といえば、客や亭主の所作による音、衣擦《きぬず》れの音、袱紗《ふくさ》を捌いたり柄杓《ひしゃく》を置いたりなど茶の道具を扱う道具由来の音、茶釜の湯を茶碗に注ぐ音《おと》、茶筅《ちゃせん》で抹茶を点てる音、そして、茶釜の湯が沸く音（これを「茶釜の湯の煮えの音」という）などである。湯の煮えの音を除き、ほかの音は断続的、単発的に起きる。まるで「暗所に一條の光が差し込むように」静寂を破る。それは、単調な「音空間」にアクセントをつけるようなものだ。点前の進行の中で多くの音が単発的に聴こえることを表1－1から見てとってほしい。これは、点前の動作と付随する音を一連の点前のビデオ記録から書き起こしたものだ。

茶事や点前における音の扱いについて文献から探ろうとする研究を岡本（二〇一〇）が行っている。岡本によると、茶掛けに用いられるフレーズとして、禅語の「鳥啼《な》いて山さらに幽《ゆう》なり」がある。鳥が一声鳴くことにより山中の閑寂が一段と深まるという意味だそう

亭主は茶碗を左手に持ったまま、亭主と客が同時に一礼する（客の「どうぞおしまいください」の声あり）
右手に茶碗を持ち替え、膝前に置く
亭主と客が同時に一礼する（亭主の「おしまいいたします」の声あり）
右手で柄杓を持ち、水指《みずさし》から水を一杓汲み、茶碗に注ぐ（水を汲む時と、水を注ぐ時の音あり）
柄杓を茶釜に伏せて置く（伏せ置いた時に出る小さな音あり）
右手で茶筅を取り、茶碗の中で動かす（音あり）
（中略）
左手で茶碗の水を左脇にある建水に捨てる（水をあける音あり）
（中略）
左手で帯につけた袱紗を取り、袱紗を捌く（「パチン」と捌く音あり）
右手で茶杓を取り、袱紗で拭く
右手で茶杓を茶碗の上に伏せて置く
袱紗を左脇の建水の上に持っていき、袱紗についた抹茶を払う（払う音あり）
（中略）
右手で柄杓を持ち、水指の水を一杓汲む
茶釜に水を注ぐ（注ぐ音あり）（茶釜の音が小さくなる）
水指の水をもう一杓汲む
茶釜に水を注ぐ（注ぐ音あり）（茶釜の音がさらに小さくなる）
茶釜の湯を底のほうから汲み、それを茶釜に再び注ぐ（注ぐ音あり）
（後略）

表1-1　点前の動作と音（点前の動作の書き起こしより）

「茶筅と茶碗に湯を通す」
右手で茶筅を取り、茶筅通しをする（茶筅の柄を茶碗の縁に「コン」と落とす音4回あり）
客は一回目の音を合図に、自分の右横にあった菓子鉢を両手で正面に移す（客の「お菓子を頂戴いたします」の声あり）
亭主は茶筅を茶碗の中で動かす（茶筅通しの「シャカシャカ」という音あり）
（中略）

「茶を点てる」
茶杓を茶碗の縁で「コンコン」と2回打ち、茶杓の抹茶をはらう（音あり）
右手で茶杓を持ったまま、棗《なつめ》の蓋を閉める
（中略）
右手で柄杓をとり、茶釜から一杓汲んで、茶碗に湯を適量注ぐ（音あり）（同時に、客が懐紙を扱う音あり）
柄杓の中の残った湯を茶釜に戻す（音あり）
柄杓を茶釜に伏せて置く
右手で茶筅を取る
茶筅で茶を点てる（音あり）（同時に、客が懐紙をたたんで懐にしまう音あり）
（中略）

「しまいつけ」
（中略）
左手で茶碗の湯を、左脇にある建水《けんすい》に捨てる（湯をあける音あり）

だ。茶道の所作が進行している最中、ふすまをパタンと閉める音、袱紗をパチンと捌く音、柄杓を置く音、茶筅を茶碗に何回かそっと置く音などは静寂を引き裂く。その音以降は茶室の静けさがいっそう深まるというわけだ。

3　湯の煮えの音が茶室という場所の音を構造化する

不謹慎な表現かもしれないが、私が一連の茶道の過程を見ていて連想したのがキャンプファイヤーだ。火を起こして焚き火をする。火が絶えないように薪をくべる。燃える炎の周囲で人が集う。時には湯を沸かし、時には食べ物を焼く。このような一期一会の集いの中心に常にあるのが焚き火だ。同様に、茶道の行為の流れにおいても、茶釜の湯の煮えはいつも、茶室内で茶をふるまう人の行動の中心にある。しかし、単なる焚き火と異なるのは、湯の煮えの音の変化それ自体に意味があることだ。

湯の煮えの音が変化するということは、すなわち、湯が沸き、茶を点てるのに十分な湯の温度に近づいてきたことを意味する。亭主は火加減を調整することで湯が沸くまでの時間を茶会の進行に合わせる。つまり、茶釜の湯の煮えの音が変わりゆくことが点前の進行の時間軸、いわば、時計となるわけだ。湯の煮えの音の変化こそが茶室の「時間」を構造化する主人公である。

茶席で人が聴いている湯の煮えの音には二種類ある。炭点前《すみてまえ》（炭火で行う点前）であれば、一つは炭が弾ける音、もう一つは水が茶釜の中で沸騰していく音である。前者は過渡音（註6）であり、後者はおそらく揺らぎをともなった定常音（註7）である。

4　湯の煮えの五音

茶道の確立に尽力した千利休以来、茶の湯の世界では音の役割に注意が向けられてきた。興味深いのは茶釜内の水が沸騰するまでの音を数段階に分類していることだ。現在の日常生活で湯を沸かす時の音を聴いて、私たちはそれを複数の段階に分類することができるだろうか。「速いことこそよいこと」という風潮の現代社会では、一刻も早く水を沸騰させようとする人が多いだろう。それではとても水の温度変化にともなう音の違いなど聴き分ける余裕

註6　過渡音（transient sound）とは、振幅・周波数が一定ではない音波。
註7　定常音（stationary sound）とは、振幅・周波数が一定である音波。

など生まれるはずがないのは当然だろう。
炭点前だと茶釜の中でゆっくりと水を温めることになる。沸騰に至るまでのプロセスは長くゆったりとしているからこそ、音を複数段階に聴き分けられたのであろう。古の日本の時間の流れがゆったりとしていることを想像させる。確かに、常温の水を急激に加熱して沸騰させるよりも、徐々に温めたほうが沸騰までの音の違いを聴き分けやすくなる。しかも、ゆっくりと水を温めていった湯のほうがおいしく感じられる。
大西（二〇〇四）によると、湯の煮えの音は五〜六段階に分類できる。
蚯音《きゅうおん》
蟹眼《かいがん》
連珠《れんじゅ》
魚眼《ぎょがん》
松風《しょうふう》
これに「無音」あるいは「無声」が加わって六段階に分類されることもある。
水の入った茶釜を火にかける。まずはじめに茶釜の周囲が温められ、水に熱が伝わっていく。すると、茶釜内部の水は縁に近い部分から温まりはじめる。水が温まると「チ、チ、チ」という音がしはじめる。さらに加熱されると、「プツ、プツ、プツ」という音になり、

「シュン、シュン、シュン」という音、そして、「ゴーー」、「グツグツ」となる。これが沸騰である。どの擬音語が湯の煮えの五音に対応するかは文献上では明確ではないが、おそらく、「チ、チ、チ」が蚯音、「プツ、プツ、プツ」が蟹眼、「シュン、シュン、シュン」が連珠、「ゴーー」が松風だろうか。松風は松籟《しょうらい》などともよばれるが、まるで松の梢が風で揺れることに由来する音のようだという意味なのだろう。さまざまな状況的要因が重なるものの、おおよそ松風が聴こえてきたら茶を点てる頃合いだという。湯の煮えが最大の時、あるいは点前の「しまいつけ」の時、茶釜に水を一杓加えると湯の煮えの音が突然消えて、茶室は一瞬にして静寂となる。「一声のたるみ」といわれる。茶道において日々の研鑽を重ねることが、柄杓で汲む水の量を一定に保ち、柄杓を傾ける角度と速度の安定を生み出す。安定した柄杓の使い方で茶釜に水を注ぐと、「まるで一條の光が徐々に消えていき周囲が暗所になる」かのように、茶釜の音が余韻を引くように徐々に消えていき静寂に至る。このような静寂が、美しい静寂、無音だという。この一瞬の静寂の生み出し方にも技量が必要らしい。これが前述の「無音」なのかもしれない。

考えてみると、音の存在を知覚するということは相対的であるといえる。なぜなら、音として知覚するためには、音がない「時」、「場所」が存在することも知覚しなければならないからである。無音さえも音の一種類に含めるところは、茶の湯の文化が音に対して深い意味を付与しているように思われる。ちなみに、華道においては「無風」という花の生け方の表現があることから、茶道にかぎらず古来から継承されている日本文化、さらには古典的東洋思想は「無」、「空《くう》」の価値や意味を高く認めていたことの表れであろう。

5 湯の煮えの音の音響解析

前述のように湯の煮えの音は点前の枠組みになっている。茶釜の湯の音はおおよそ、水の気化にともなう気泡の破裂、水の振動、茶釜の残響に起因するとされる。これらの音を事象生成音とよぶ。詳しくはⅣ章1を参照してほしい。人はこれらが複合した音を湯の煮えとして聴いているが、実際にどのような音なのだろうか。そこで、これらの音の特徴を調べるために、茶釜の湯の沸騰音を周波数解析した（註8）。

解析に使ったのは、常温の水が入った茶釜を炉にかけてから十一分ほど過ぎた、約三十秒間の音である（音03）。図1-2に茶釜の湯の沸騰音のサウンドスペクトログラム（註9）を示した。図中、いくつも見える縦の線は炭が爆ぜる音である。炭が爆ぜる音を含む部分では20㎑を超える超高周波のパワーが強い。Ⅳ章2でビンが割れる音、唐揚げ調理中の油の爆ぜる音について詳述するが、破砕音や破裂音には20kHz以上60kHzにいたるような超高周波が含まれることは共通しているようである。図の炭の爆ぜ音がない部分、つまり横に伸びる帯が茶釜の湯の沸騰音である。

図1-3に同じ茶釜の湯の沸騰音のパワースペクトル（註10）を示した。125Hz以下の低い音から16kHzにいたるまで全般的に平坦なパワー分布になっている。中でも特徴的なのは800Hz、1600Hz、3200Hzなどのように800Hzとその倍音成分にピークが見られることである。さらに、3200Hzを超えたあたり、4000Hzから8000Hz付近もパ

註8　周期が一秒間に繰り返される回数が周波数（frequency）である。その値は周期の逆数として表すことができる。単位記号はHz。楽器音など複数の周波数から構成される音の場合、最も低い音（基本周波数）が音の高さの感覚を決定することがある。なお、周期については註13を参照してほしい。
註9　サウンドスペクトログラム（sound spectrogram）とは、音を視覚化して、音の周波数、持続時間、強さがわかりやすく示された図。モノクロの場合は音の強さは黒の濃淡で示されるが、コンピューターにより視覚化が容易になった今日では、色の違いで表現されることが多い。横軸は時間、縦軸は周波数である。周波数は対数表示されることも少なくない。
註10　パワースペクトル（power spectrum）とは厳密には、「時間的または空間的に変動する量の二乗平均を周波数成分の分布として表わしたもの（JIS：計測）」である。つまり、横軸が周波数、縦軸が音圧あるいは音の強さ（パワー）として、音を構成する周波数ごとにその強度分布を表したものである。その音がどのような周波数から構成されていて、それらの周波数成分の強さがどの程度なのかを知ることができる。本書のパワースペクトルの図では、〇dBに近いほど音のパワーが強いことを示している。最大値が〇dBである。サウンドスペクトログラムとパワースペクトルは音の周波数解析の代表格である（註14も参照）。

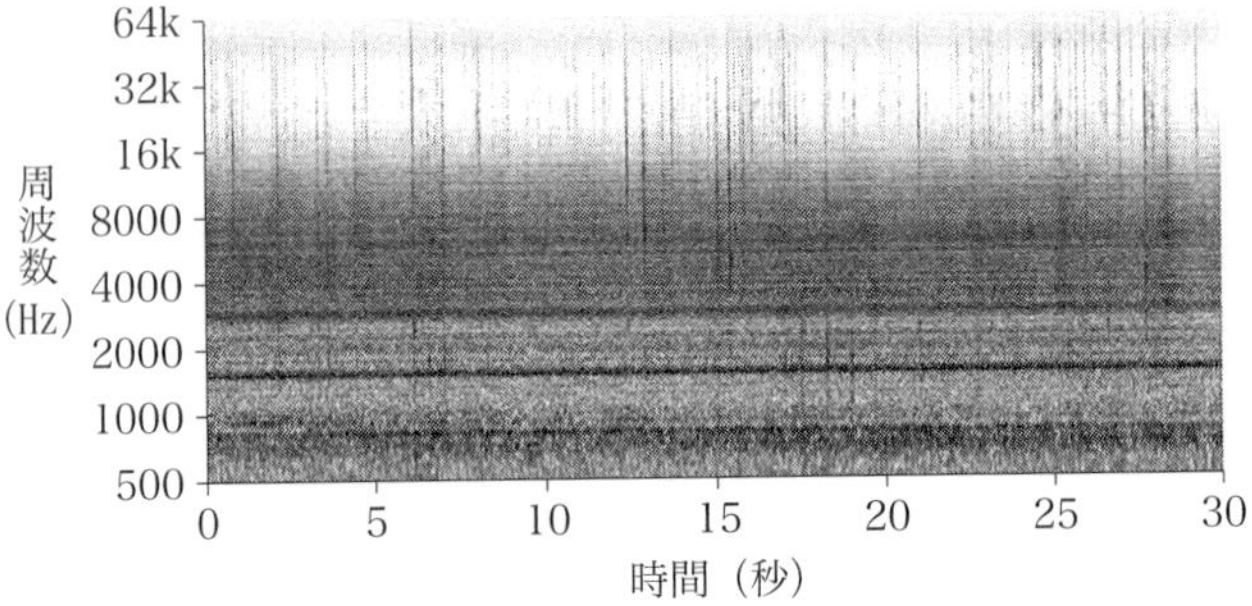

図1-2　茶釜の湯の沸騰音のサウンドスペクトログラム［音03］

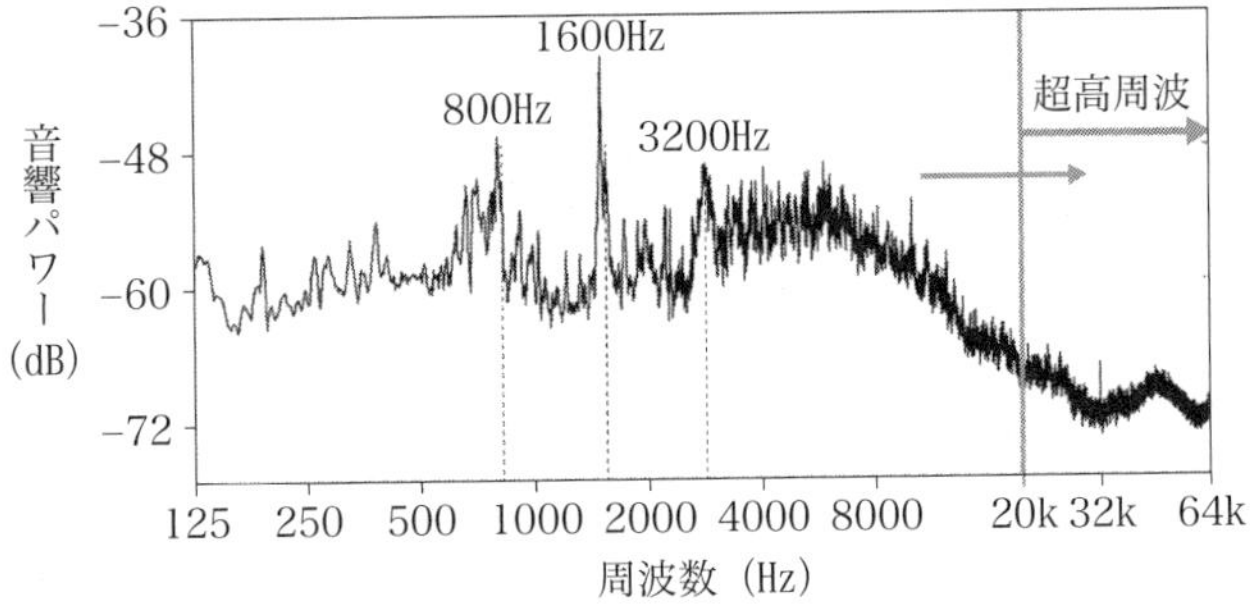

図1-3　茶釜の湯の沸騰音のパワースペクトル［音03］

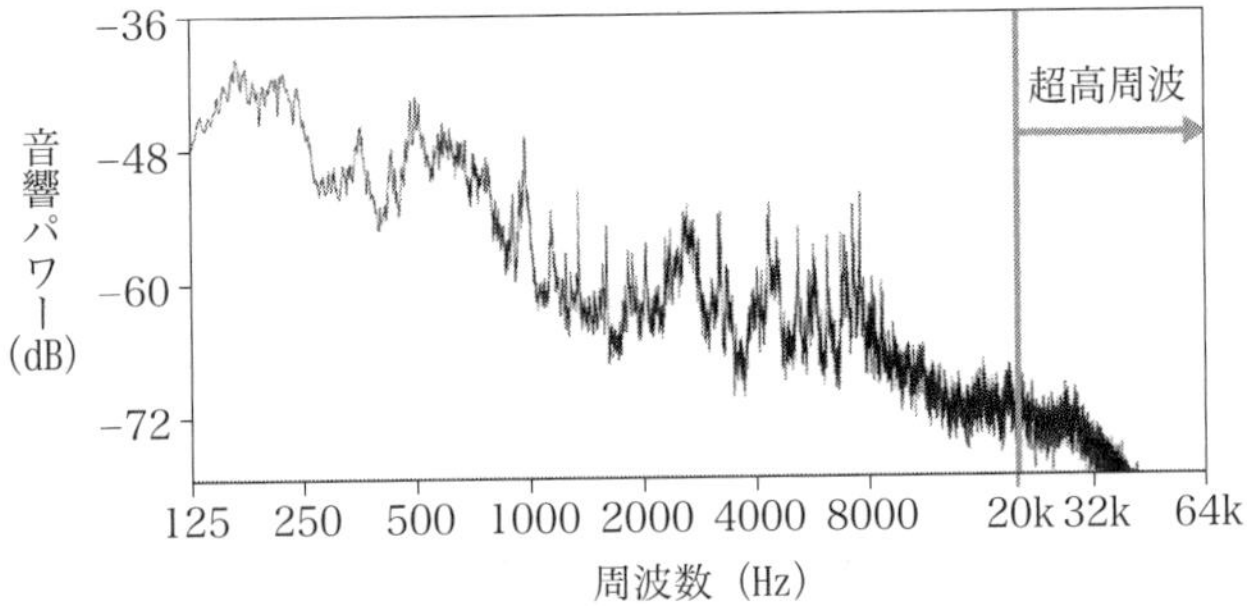

図1-4　鍋の湯の沸騰音のパワースペクトル［音04］

ワーが強くなっている。人は１０００Hzから４０００Hz付近の音にとても敏感である。このことをふまえると、茶道で使用する茶釜は、人の耳の感受性が高い音域のパワーを強めることによって、沸騰音の微細な変化を聴き分けられるような巧みな工夫がなされているのかもしれない。

ちなみに、茶釜の湯の沸騰音と比較するために、調理用の鍋による沸騰音（音04）も録音していたので、パワースペクトルを見てみよう（図1-4）。これを見ると、茶釜の湯の沸騰音のパワースペクトルとは全般的に形状が異なることがわかる。調理用の鍋の場合は、周波数が高くなるにつれてそのパワーが減衰する。パワーのアップダウンはあるものの、概して右肩下がりのピンクノイズ（本書八三、八四頁参照）のようなパワー分布になっており、茶釜のように８００Hzとその倍音のような突出したピークは見られない。

今回は、一種類の茶釜で沸騰音のみを解析しただけなので、茶道で使用されるすべての茶釜から発せられる音の特徴に、この分析結果を一般化することは軽々にすべきではないだろう。しかし、湯の煮えの音が茶室という場所の「サウンドマーク（音の目印）」であり、点前進行の時計の役割を果たしているということから、先人達が茶釜の音の鳴り方にこだわりを抱いていたとしても決して不思議ではないだろう。

6　茶筅音の音響解析

点前でのクライマックスはなんといっても茶を点てる場面だ。ここでも音が聴こえる。茶筅で抹茶を攪拌する際の音だ（音05）。これを茶筅音とよぼう。茶筅音は茶筅が茶碗表面に接触することによる摩擦音と、かき混ぜることで発生する気泡由来の音をさす。茶筅音も周波数解析してみた。図1-5は茶筅音のパワースペクトルである。これを見ると、茶筅音はさまざまな周波数を含む広い帯域にわたる音であることがわかる。とくに、超高周波音、つまり40kHzにまで達する音も強いパワーをもっていることが見てとれる。

一般に20kHzを超える純音（註11）はよほど音が強くないと聴こえないとされている。さらに、高い振動数の音波ほど空気を伝播する間に減衰しやすい。ゆえに、一メートル以上も離

註11　純音とは、一つの周波数の正弦波からなる純粋な音。音色には特徴がなく、音の高さは一定であり、単調な感じがする。完全な純音は理論上のものであるが、音叉をたたいたときの音などはこれに近い。いくつかの純音が混ざった音を複合音という。特に音楽的な響きをもつ複合音は楽音という（『ブリタニカ国際大百科事典小項目事典』より　kotobank.jp/word/純音-78526）。

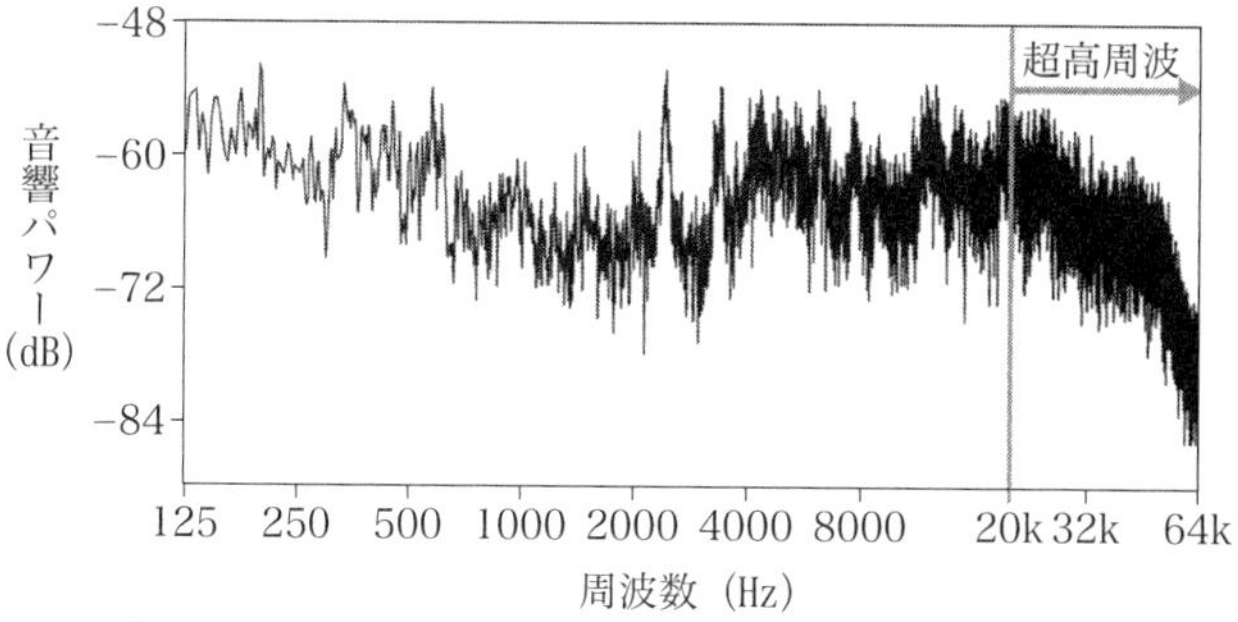

図1-5　茶筅音のパワースペクトル［音05］

れた客に超高周波音が聴こえているかどうかについては確たる証拠はない。しかし、超高周波を含む音と含まない音の印象は異なるようである。

私の実験によると、超高周波を含む音のほうがそれを含まない音よりも心地よく感じられることがわかっている。詳しくはⅣ章2「鶏の唐揚げの調理音」で再度ふれる。点前の巧者と初心者では当然茶筅の動きが異なるので、それにともなう茶筅音も変わることは想像に難くない。茶筅の振り方と超高周波音との関連は不明だが、茶碗表面と茶筅の穂先のこすれが安定していることにより、超高周波音が発生しているのだろう。客は茶筅音に超高周波音を含むか否かで、「今日はおいしいお茶がいただけそうだ」と予期できるのかもしれない。

茶道を音から考えてみた。茶室の天井がフラットでないことや、右側の壁のへこみ（実は床の間であった）などは茶室内の反射音が教えてくれる。茶釜の湯の煮えの音は音源の定位を可能にする。さらに、茶釜の音、茶筅音の音質変化はまさに茶の味わいの予見も提供しうる。点前が行われる茶室の中には、反射音や音源からの音など亭主や客を包み込む音、すなわち、その茶室に特有な包囲音が存在する。この包囲音こそが茶の湯の世界で重要な役割を果たしているといえるだろう。

実は茶道という多感覚芸術、あるいは時空間芸術の中に、本書で扱う生態心理学のほとんどの音の要素が含まれているといってよい。個々のトピックについては、以後詳しく述べていこう。

II章　目の見えない人が街を歩くことを支える音

本章では目の見えない人が街を歩く際の発話を紹介し、彼らが「道路の構造」に関する知覚情報を巧みに利用していることを示す。この知覚情報とは何か。そして、それらはどのようにピックアップされているのか。ここでは、とくに道路、場所の構造を知覚するために利用される音情報について取り上げる。

1　歩くための「サウンドマーク」

「目が見えない人はどうやって街の中を歩くのだろうか」という疑問を抱く読者もおられるだろう。私も「頭の中に街の地図があるのか？」とか、「どのように街をイメージしているの？」などと問われることもある。

これはなかなか難しい問いである。答えからすると、すべての目の見えない人が目的地まで単独でたやすく移動できるわけではないにしても、彼らが独力で街を歩くことは少なからず可能だ。では、どのような知覚的な情報を利用しているのだろうか。

第一の候補は音である。家から一歩外に出れば音の洪水が待ち受けている。車の走行音、人の声、店の宣伝音、街頭スピーカー、電車の走行音などなど……。

街を歩く時にどのように音を使っているのか、目の見えない人にインタビューをしたことがあるので、その一部を紹介しよう（伊藤、一九九四b　伊藤、一九九八）。周囲にある音で、うまく使っていると感心するのは「道路の騒音」だ。彼らは自分が歩いている時に「道路の騒音」を利用して、自分が道路に近づいているのか遠ざかっているのか、どの方向に向

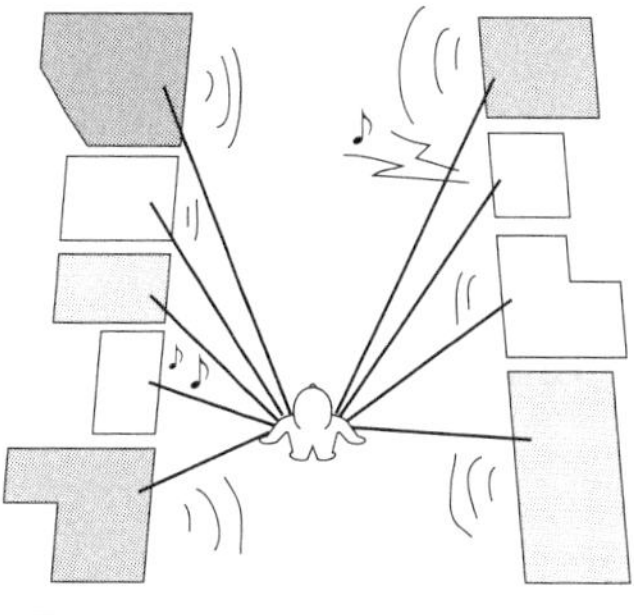

図2-1　ランドマークとつながる

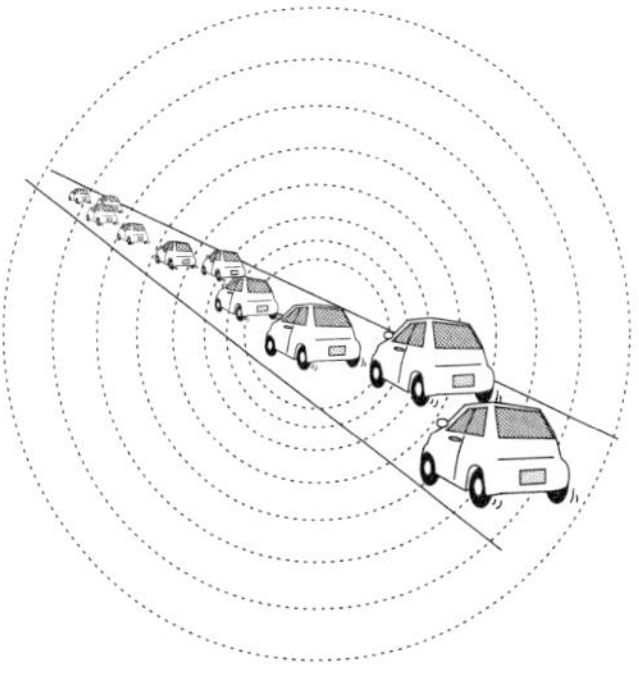

a. 遠いと道路全体が音源となる

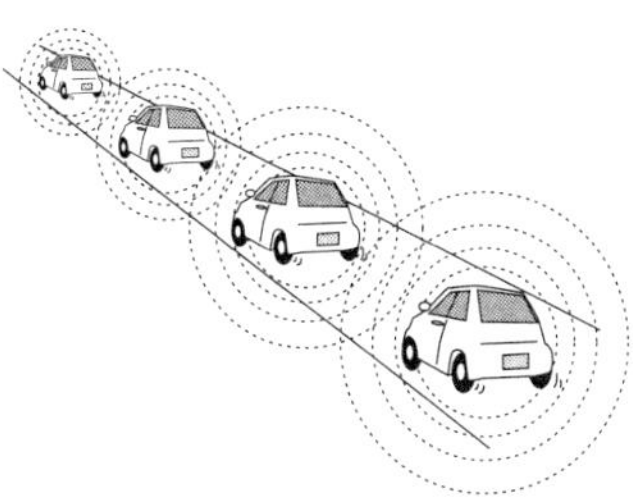

b. 近いと個々の車が音源となる

図2-2　車が走行する道路が音源となる

かっているのかなどを常に意識しながら歩くという。あるいは、車道が常に自分の右側にくるように歩くという人もいた。目の見えない人の移動訓練を行う歩行訓練士の中には、図2−1のように「まるでランドマークとゴムでつながっているかのように感じながら」歩くことが重要だとする人もいる。

「道路の騒音」とは何か。車が車道を次々と走行しているような往来の激しい道路であれば、その道路全体が一つのまとまった音源となる。道路に近づけば走行音は大きくなり、かつ個々の車両音を区別できるようになる。逆に道路から離れていくと、走行音はだんだん小さくなり、かつ個々の車の区別はできない（図2-2）。もし、道に迷ったら、この「サウンドマーク」がどの方向から聴こえるかを探す。道路の音というサウンドマークはそれ自体が動いてしまうことがないからだ。目の見えない人は歩いている間中ずっと、道路から聴こえる音の方向およびその音源からの距離を知覚している、つまり、自分の進んでいる方向に対して道路がどのような位置関係にあるのかを定位（orient）しているのである。もっとも、車が走っていなければ道路からの音もなくなってしまうが。

2　目の見えない人が街を歩くことを支える多感覚情報

前述のようなエピソードはよく耳にするが、実際に目の見えない人が歩いている時に、どんな知覚的情報（手がかり）を利用しているのかを詳細に調査した研究は少なかった。そこで、今からもう二十年以上も前のことだが、私は、目の見えない人が街を歩く時にどのような情報を利用しているかを探るために、複数の先天性全盲者と目隠しした晴眼者に、東京の池袋駅の地下街を二回歩いてもらうという実験を行った（伊藤、一九九四a、一九九八）。図2-3のように、歩くルートは曲がり角をいくつか含み、全盲者も晴眼者も初めて歩くルートだった。とくに晴眼者にとっては、未知のルートであることに加え、いきなり目隠しして歩くというのはさぞかし恐怖であったことだろう。もちろん、人や物に衝突しないように、晴眼者のガイドが実験参加者の横を一緒に歩いた。蛇足であるが、現によほどこわそうに歩いていたのか、多くの見知らぬ人から「どこへ行きたいのですか？」「お手伝いしましょうか？」という援助の声をたくさんかけられた。その都度、声をかけてくれた人には事情を説明しなければならなかったが、実験を実施している私としては人の優しさを実感して、まさにうれしい悲鳴でもあった。

実験参加者はまず、歩きながら出発点から終点までの道順を記憶

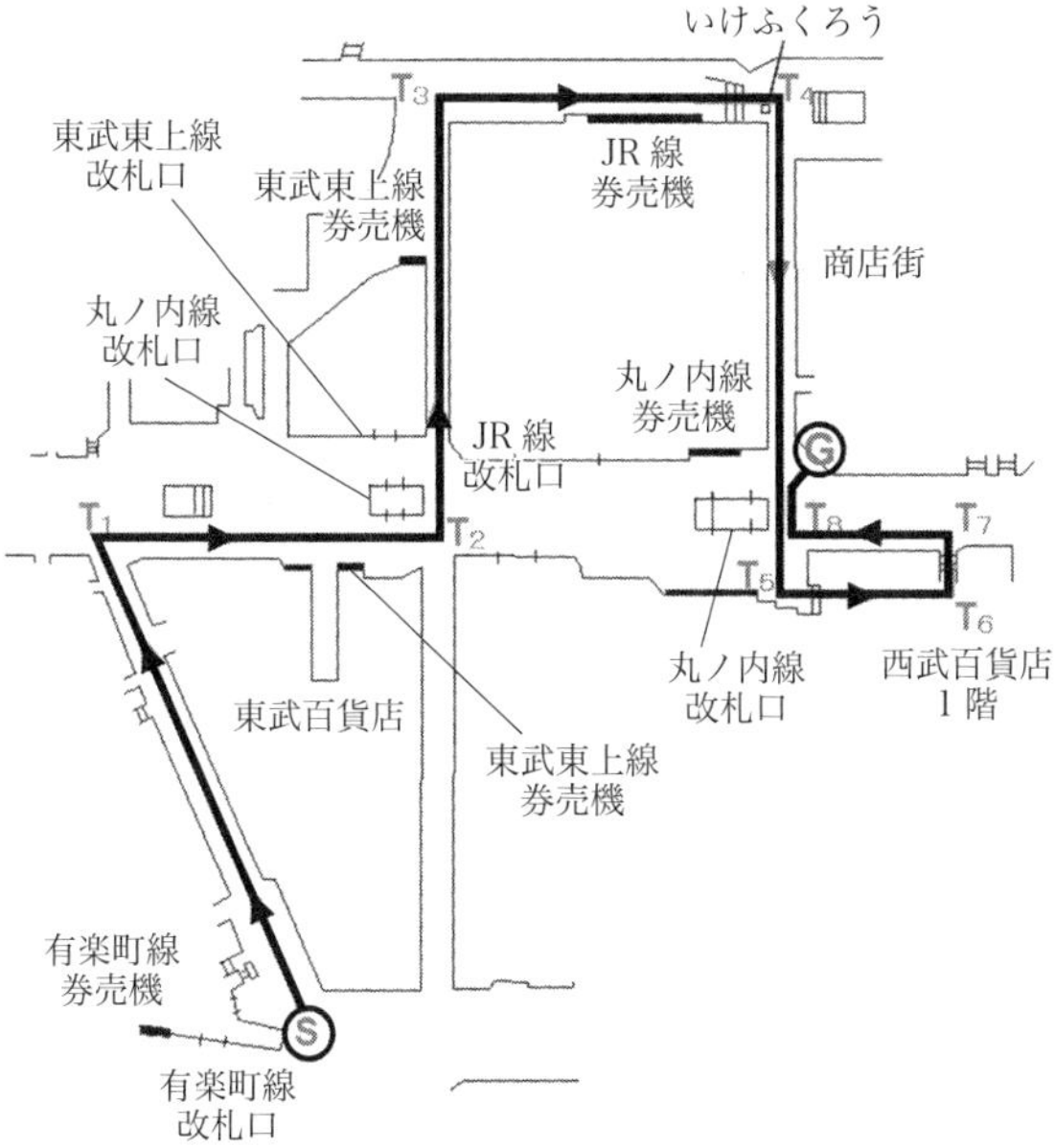

図2-3　実験を行ったルート

し、次に、その記憶をたよりに同じルートを自力で歩いた。さらに、気づいたことを話しながら（発話しながら）歩いてもらった。

実験の結果、全盲者は全員、自力で目的地までたどり着くことができたのに対し、目隠しした晴眼者は誰一人目的地までたどりつくことができなかった。晴眼者は道順を記憶できないというよりは、曲がる場所を見つけられないように見えた。一方、全盲者の多くは、たとえ曲がる地点を間違えても、最終的には独力で曲がり角を見つけることができていた。

では、全盲者と目隠しした晴眼者の知覚には、どのような違いがあるのだろうか。気づいたことを言葉にすること（発話）によって、全盲者と目隠しした晴眼者の知覚の違いが推測できる（註12）。表2−1に全盲者と晴眼者の発話の例を示す。

両者の発話を三つのカテゴリーに分類して比較してみた。図2−4が発話の分類結果である。「対象物」とは、移動ルート上のランドマークのことである。たとえば、「改札」「券売機」「換気口」などだ。「道の形状」とは、ここでは地下通路の床面の状態（階段、平面、坂道など）、壁面の存在、壁面の切れ目、地下通路の場所の広さなどがこれに当たる。「変化する情報」とは、「人が歩いている」「ジャラジャラ音がする」「風が吹いている」など、次に同じ場所を歩いたとしても必ずしも感じられるとはかぎらないような、感覚的な手がかりである。

分類結果を比較してみると、全盲者と晴眼者の発話には大きな違いが表れた。全盲者は、「道の形状」についてが最も多く発話されていて、次に「対象物」と続き、最も少ないのは「変化する情報」であった。一方、目隠しした晴眼者ではこの順序が逆転する。「変化する情報」が最も多く半数以上に上り、「対象物」「道の形状」はほぼ同じくらいに少なかった。

全盲者は道の形状を知覚しながら、ランドマークとなる対象物にも気づくことで、目的地までの移動を達成していた。しかし、目隠しした晴眼者は道の形状やランドマークに気づき、それらを利用することができず、代わりに非恒常的で頼りにならない、変化する情報にばかり注意が向いてしまっていた。そのため、ルート上のどこを歩いているのかがわからなくなってしまったのだろう。まさに「目隠しした方向音痴」である。実際、方向音痴を研究

註12　全盲者は音源を知覚していたが、目隠しした晴眼者は音像の知覚にとどまっており、音源を認識できていなかったことが、この実験からわかる。音像（sound image）については、人の映像、建物の映像などの視覚的映像（visual image）から類推するとよいだろう。その神髄は視覚的対象物の輪郭をさす。音についても同様のことを考えてみる。音楽を聴く時に、中央で歌手が歌っていることがわかる。人はある音を聴いただけで、音源の位置、音の「輪郭」（形）などを感じ取ることができる。このような音の「輪郭」のことを音像という。たとえば、一般にヘッドフォンで音楽を聴いた時に、ボーカルが中央に位置するとか、ギターが右に位置するとかを聴き分けられるであろう。また、ボーカルの音の輪郭の大きさも感じることができる。これらを音像という。音源は音を発する源であるのに対して、音像は発せられた音から感じられる音の「姿」ともいえる。生態心理学的には音源の知覚と音像の知覚とを区別するべきである。

表2-1　全盲者と目隠しした晴眼者の発話の例

全盲者の歩行中の発話	目隠しした晴眼者の歩行中の発話
左側に改札があって、坂を上りました。 ちょっと狭くなって。 やっぱり上から音楽が鳴ってるような気がします。 さっきもしたんですけど何かわからなくて。 けっこう狭いというか、すごく閉じられた感じの右にも左にも行けないような。 ちょっと左へ曲がったかな。 換気口のような音が右側にします、いま通り過ぎました。 左側になにかお皿のような音がします。 へんな音がします、風の音みたいなのが右の上にして。 左に壁が、壁じゃないや柱かな。 券売機かな。 開けました。 ちょっと広い所に出て。 なんかお店のような雰囲気。 人がいっぱいいます。	右の方からハイヒールの音。 ピーピーっていうのは電話。 アナウンスのお姉ちゃんの声、上の方から。 男の人の集団が通り過ぎた。 こんな音楽、音楽はたぶん聴こえたから。 風の音。 ちょっと人が多め。 風がすごく冷たい。 空気がとっても熱くなってきた。 床が変わった。 女の人が通り過ぎた。 あ、ピンポン。 あ、ぼこぼこしてる。 ジャラジャラ音がする。 ぼこぼこしてる。 暖かくなってきた。 人の声が前の方。 空気が冷たくなった。 バッタンって。 人が多いのはわかる。

している新垣（新垣・野島、二〇〇一）も類似した実験結果を報告している。迷いやすい人は、再度訪れた時に存在しているかどうか不明確な物や人に注意を向けやすいそうである。

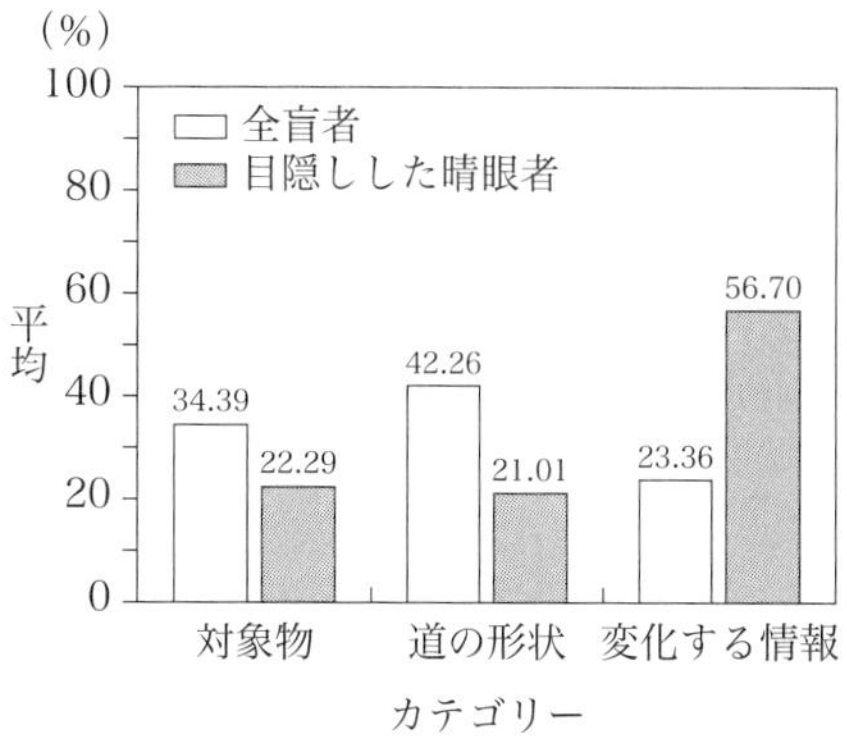

図2-4　言語化課題における各発話カテゴリーの占める割合（%）

3　音の景色と、音の景色の流動

では、「対象物」と「道の形状」はどのようにして知覚されているのだろうか。

「対象物」として分類されたものには音源が多い。東京の大きな駅の地下街だと音が同時に複数聴こえるというのは想像に難くない。改札口一つとっても、自動改札機は一つだけではないので、人が改札を通る際に出る複数の音が聴こえる。券売機もたいていは複数並んでいて、それらが出す音も一つではない。そして、駅構内を行き交う人々の話し声や足音、天井のスピーカーからはアナウンス音、飲食店からは食器の音などなど、たくさんの音が同時に聴こえている。視覚的な「景色」に対応させると「音の景色」とでもいえるだろう。

次に、「道の形状」について考えてみよう。両側に壁面があるとか、片側に壁面があって他方は開けているとか、壁面が切れて両側ともに開けた場所になっているとか、上り坂になっているなど、こういった道の形状の知覚には聴覚、触覚情報が利用されているはずである。なぜならば、全盲者は視覚的に周囲を把握できないからだ。

壁面の有無や場所の広さは周囲の音の反射音・残響により知覚されている。壁面など、音を発しない物体の知覚も聴覚に由来するので、実際に全盲者が知覚している包囲音配列（包囲音のパターン）には、音源のみならず音源以外の物体の配置も含むことになる。詳しくはⅢ章で取り上げる障害物知覚を見てほしい。

聴覚にせよ触覚にせよ、その人が移動しなければ情報は得られない。壁面が続いていることと、壁面の縁によって道が交差していることなどは、知覚者自身が移動してはじめて知覚できる。前節で取り上げた、目の見えない人が街の中を移動する実験中の発話に頻繁に登場するフレーズに、「壁が切れました」「壁があります」「壁が終わりました」などがある。これらは、彼らには壁面の縁、すなわち遮蔽縁（景色を遮蔽している物の縁）が知覚できていることを意味している。目の見えない人にとって壁面の終わりを知覚することは、自分自身が曲がり角や交差点に到達したことを意味し、移動方向の選択、一時停止などの行為の調整が求められる。この意味で縁の探知は重要である。

では、音を利用してどのように遮蔽縁を知覚することができるのか。

物体による遮蔽によって音のどのような性質が変化するのか。それらは主に音圧と周波数であろう。音は空気の振動であるから、その振動を通過させない物体は遮音することが可能である。音の遮蔽の程度は、その音を構成する周波数によって変化する。低い周波数の音であれば波長（一周期（註13）の山と谷が現れるまでに必要な音波の伝播距離）が長いので、物体の遮蔽縁を回折して回り込むことがありうる。周波数が高くなると波長が短くなるので、その音波の回折は起こりにくくなる。壁面に沿って移動する聴取者が壁面の縁に接近していくと、壁面の切れ目のほうからまずはじめに低い周波数の放射音が聴こえはじめ、徐々に高い周波数の音が付加されていくと同時に、それらの音が大きくなる。そして壁面の縁に至ると、それまで遮蔽されていた音が完全に聴こえるようになる（図2-5）。

註13　周期（cycle）とは、空気分子の密と疎が繰り返される時、一つの密と一つの疎が含まれる時間のことで、一つの山と谷が現れるのに要する時間を一周期とする。なお、註8の周波数の項も参照してほしい。

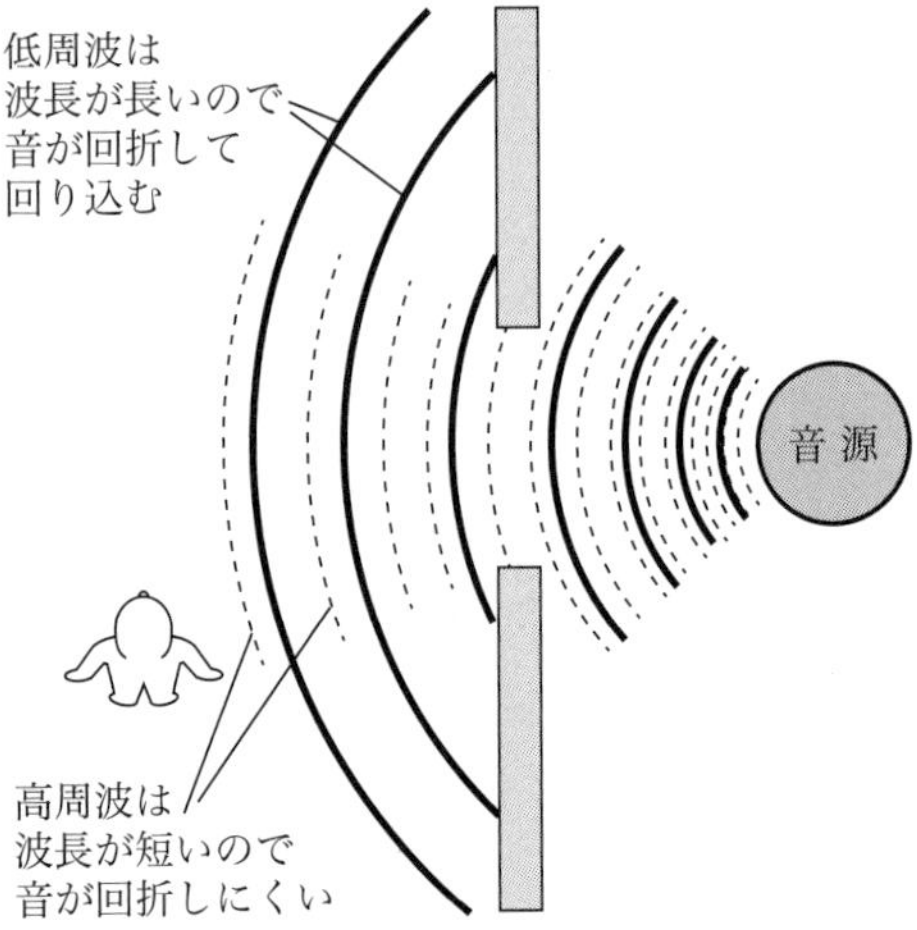
低周波は
波長が長いので
音が回折して
回り込む
音源
高周波は
波長が短いので
音が回折しにくい

図2-5　音の遮蔽縁

歩いているとき、道の構造が知覚されているとともに、もちろん、たくさんの音源も定位されている。つまり、壁面の持続を知覚しながら改札口の音という音源までの距離の変化を知覚し、横を走り去っていく女性のハイヒールの音を聴きながら天井のスピーカーから流れてくる音楽が遠ざかっていくことを同時に知覚している。一体いくつの知覚情報源を特定しているのだろうか。数え切れないほどたくさんあることは確かであろう。歩くという行為によって聴覚、触覚からの情報は変化すると同時に包囲音配列も変化する。生態心理学の観点からすると、このような包囲音配列の変化、すなわち音の景色の変化は、音響流動（acoustic flow）とよぶことができる。

全盲者と目隠しした晴眼者とで目的地まで移動できたか否かが分かれたのは、音響流動に気づき、それを活用できたか否かの違いであろう。晴眼者でもすれ違う人などの音響流動は知覚できていた。しかし、自身を取り囲んでいる場所の構造の特徴とその変化、つまり、床面、壁面、改札口などの「表面」の配置や物体の配置の構造とその変化を、晴眼者は音情報から特定できなかったのである。音響流動および包囲音の中から、移動に利用可能な情報をピックアップすることができたのが全盲の歩行者であったのだろう。すると、晴眼者も全盲者と同じように音情報をピックアップすることができるのではないかという疑問が起きるかもしれない。では、ここで言及している情報とは何を指し示しているのだろうか。

再度、両者の発話を見てみよう。晴眼者の発話では、音に関する言及は擬音が多い。それに対し、全盲者の発話では具体物が多い。これらが含意するのは、晴眼者は音そのものを感受してはいるが、その発生源すなわち音源が何かまでは定めることができていない一方、全盲者は音そのものと音源を知覚することができているということだ。つまり、全盲者においては音とその音源が結びついて、自分自身がいる場所の知覚を支えている一方、目隠しした晴眼者ではそのような結びつきが成り立っていない。音がその源を特定する時、それは音情報となる。逆にいえば源を特定しない音は音情報にはなりえず、単なる音信号にすぎない。

ここで強調したいのは、音響流動や包囲音に含まれる音情報を利用できるのが必ずしも目の見えない人だけではないということである。逆に、目が見えないからといって、必ずしもこれらを利用できるとはかぎらない。音を聴き分ける技能を生かして仕事をしている晴眼者も大勢いる。彼らも実は音響流動や包囲音の中に存在する情報を巧みに利用している。

音がその源と結びつくのは、なんらかの学習（生態心理学でいうところの知覚学習 Gibson, E.J., 1969）を経た結果である。音Aと音Bは異なるという分化学習、つまり、音Aとその音源A、音Bとその音源Bとの違いを音情報を用いて識別できるようになる。これが聴覚の学習である。こういった学習のチャンスと時間があれば、医学的に聴覚器官の障害がないかぎり、知覚学習は可能なはずである。

4 目の見えない人は音を利用して道路を横断する

さて、目の見えない人が社会参加するために最も大きな障害となる一つが単独歩行である。ここでいう歩行というのは、赤ちゃんがはいはいから歩くようになるという意味の歩行ではない。ある出発点から目的地まで移動することをさす。視覚障害リハビリテーションの分野では、このような歩行ができるようになるための訓練を歩行訓練とよぶ。自力での歩行の道具として主流なのが白杖である。そして、全国で千人程度が盲導犬を利用している。ほかの歩行補助具として超音波センサーを使った歩行補助具などが実用化されているが、広く普及しているとはいい難い。これらの歩行補助具を利用して目の見えない人は目的地まで移動するわけである。自力で移動さえできれば、仕事も遊びも自由にできるようになり、結果、社会参加が実現しやすくなる。

自力での歩行で最も難しい課題が道路の横断である。読者も試しに歩道の縁に立って、車道を往来する車の音に耳を傾けてみてほしい。迫ってくる車のエンジン音や走行音が意外と大きく聴こえるので、恐怖感を覚えるのではないだろうか。交差点になっている横断歩道では、自分が横断するのと同じ方向に車が往来したり、右斜め前で車が停止したりする音がする。これらのほかにさらに人の足音が加わる。混雑した都会の単純な交差点でも音が重なるが、ましてやスクランブル交差点となると、目の見えない人はもう混沌とした音の渦の中に巻き込まれた無力な存在であるとしかいいようがない。

そんな状態でも、自力で歩行するためには、信号機がある横断歩道であれば信号が赤、つまり車道を渡ってはいけないのか、信号が青、つまり車道を横断してもよいのかを自分で判断しなければならない。音響式信号機があれば、メロディーやサイン音を頼りにすればいいので安心だ。しかし、日本全国すべての信号機が音響式信号機となっているわけではない。ましてや生活道路などでは信号機さえない場合も少なくない。とすると、自力で横断のタイミングを判断しなければならない。一種の賭けであるが、賭けに負けたら大損をするどころか命が失われてしまう。したがって、過剰に神経質になってしまうのは当然だ。私も過去に、歩行者用の信号が赤だと気づかずに見知らぬ人の後についていって車道を横断したところ、クラクションを鳴らされて驚いたという苦い経験をたびたびしている。これは、信号が赤だったことと、いきなり大きなクラクションの音がしたことの、二重の驚きだ。

横断の判断に有効なのは、往来する車両音である。往来する車両音も音響流動を作り出してくれる。エンジン音、およびタイヤと路面との接触によるロードノイズ、あるいは走行音は音響流動の音源となる。では、この音響流動が道路横断のための音情報になりうることについて説明しよう。

音源が接近するにつれて音がだんだん大きくなってくるように聴こえることがある（註14）。具体的には、人は正面の車の音が大きくなってくれば車が接近、小さくなっていけば車が離れていくことを知覚することができる。さらに、正面から車が接近してくる時に、歩いている自分と車がいつ正面衝突するかも予測することができる。あるいは、車が後方から近づいてくる時に、音がだんだん大きくなってくれば、自分のほうに近づいてくることがわかる。このように、音の強さの変化速度を利用すると、車を避けるのに余裕があるか、あるいは急がなければ衝突してしまうかが予測できる。

目の見えない人の多くは雨の日に街路を歩くのを好まない。もちろん、傘を差したり濡れたりするのがいやだというのもあろうが、おそらく主な理由は、路面が濡れていると車が走る音がわかりにくくなるからであろう。車の走行音やエンジン音を覆い隠すように、濡れた路面とタイヤの接触に由来する「シャー」という音が付帯ノイズとなるからだ。その理由を見てみよう。

聴取点に向かって接近してくる車両走行音を、乾いた路面と濡れた路面で比較してみよう。それらのサウンドスペクトログラムが図2-6および図2-7である。縦軸が周波数、横軸が時間を示し、時間が進むほど車両が聴取点に接近してくることを意味している。図中、黒が濃いほど音のパワーが強い、つまり大きく聴こえている。時間経過とともに黒の濃度が増しており、六・〇秒の時点が最も濃い。この時点が車が接近して来る際に最も音が大きくなっていることを示している。この時、車がどこにあるかは音からだけでは明確にいえないが、車体が聴取点の正面に到達していると考えてよいだろう。

路面が乾いているか濡れているかの違いは、濡れた路面上を接近してくる車両音の場合、２０００〜４０００Hzにかけての帯域音のパワーの持続時間である。正面に到達する六・〇秒よりもずっと以前から２０００〜４０００Hzの音のパワーが強い。一方、乾いた路面上を接近してくる車両音は濡れた路面の車両音に比べて、同じ帯域の音が長く続いていないこと

註14　音の大きさは、波形でいえば振幅の山と谷の高さと深さであり、これは音圧や音の強さという物理量と対応し、単位はデシベル（dB）で表される（註10も参照）。

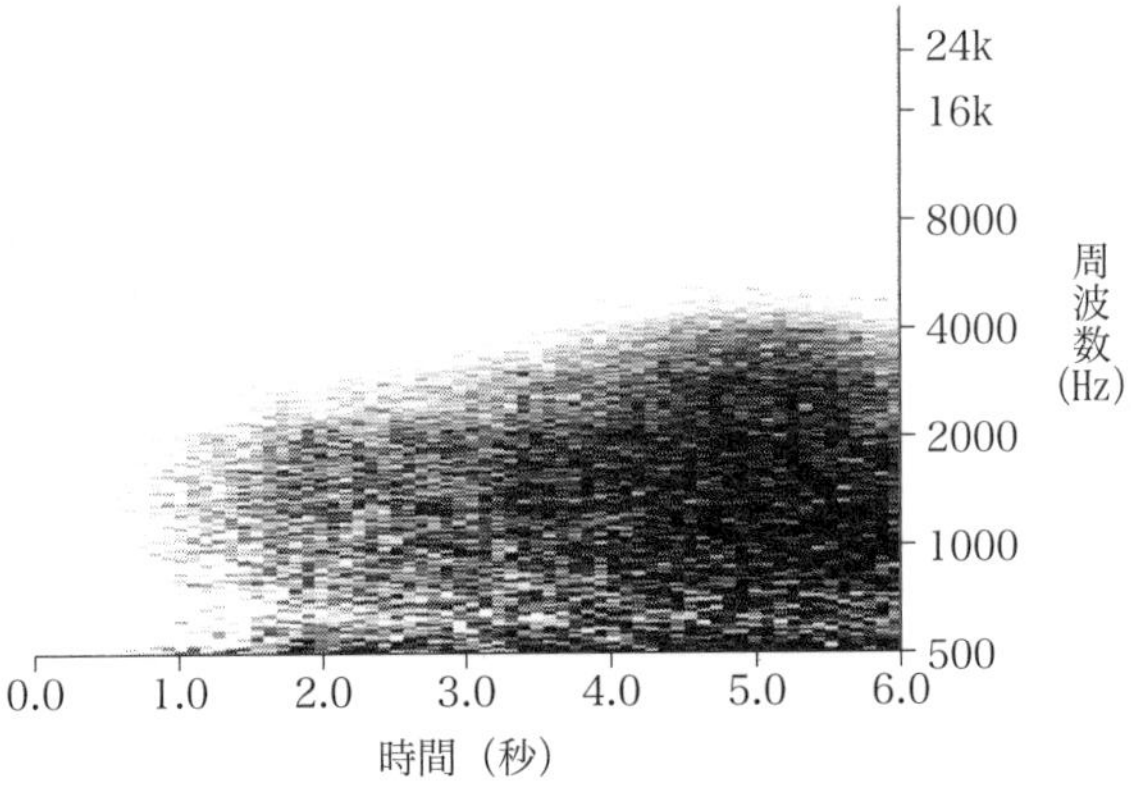

図2-6　乾いた路面を走行する車両音のサウンドスペクトログラム

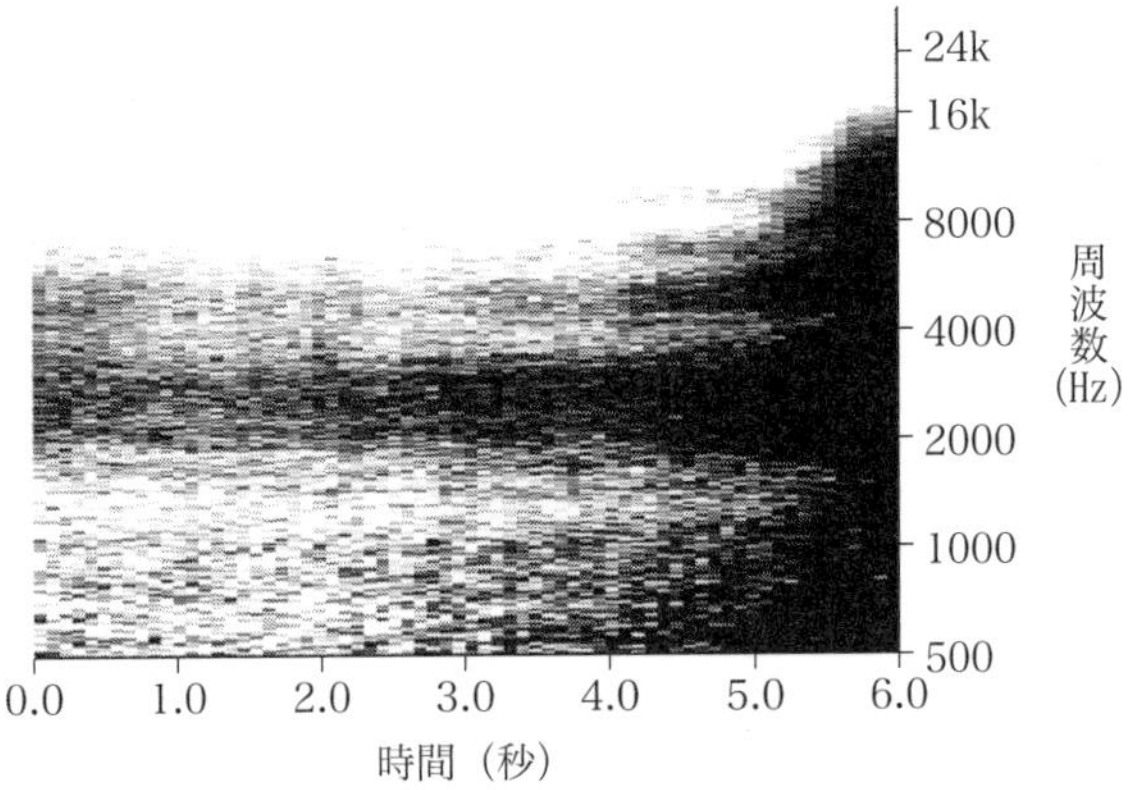

図2-7　濡れた路面を走行する車両音のサウンドスペクトログラム

がわかるだろう。この帯域の音は人の聴力の最も鋭敏な範囲に含まれる。この音が大きければ耳障りになるだけではなく音源を知覚しにくくしてしまう。

まとめると、雨天のときに聴こえる「シャー」という音は、路面とタイヤとの接触により水滴が跳ねたり、路面の上にたまった水と車両との接触に由来するのであろう。２０００～４０００Hzの帯域の音に人は最も鋭敏であるから、路面走行音が車両の接近に先立って、早くから聴こえてくると、この「シャー」という音によって、肝心の車両の位置を定めることが曖昧になってしまうのではないだろうか。

5　反射音は音情報を取り出すのに邪魔なものではない——反射音の効用

私たちが生活している地上には多種多様な物体がある。多くの物が音を自ら発しない物体（壁面など）であるが、これらは車両音の残響や反射音の源となる。この残響や反射音が車の接近の推測にどのように影響するのだろうか。

伊藤・塩瀬・間々田（二〇〇五）は、音響ヴァーチャルリアリティ（ＶＲ）技術を利用してローゼンブラムら（Rosenblum, Wuestefeld, & Saldaña, 1993）の実験をさらに発展させ、日常の音状況に近づけた実験を行った。音響ＶＲ技術とは、ヘッドフォンを通して音を聴くと、実際には存在しない音場が聴取者の周囲に広がっているかのような臨場感のある

「音空間」を構成する技術である。この技術を用いて目の見えない人が道路を横断する場面を再現した(Shiose, Ito, & Mamada, 2004)。

録音した車両走行音などを音響VR作成用のプロセッサーで処理すると、仮想空間内を車両が移動する音場を生成することができる。ヘッドフォンを通して走行音を聴くと、自分の目の前の車道を車が左右方向に走り抜けていくように感じられる。さらに、この音響VR技術では、車の速度を変えられるだけでなく、それが走行している場所の残響の持続時間と強さ、路面反射音の強さも変えることができる。これにより、車両が走行している場所の広さ、路面の硬さなどを再現できる。

実験で用いた車両音は一般的な乗用車のエンジン音に、路面とタイヤの摩擦音を加えたものを音源とした。実験では音響VR空間内を異なる速度で走行する車両音を晴眼者に聴いてもらった。その際、残響と路面反射音の強さは、最大(〇dB)、中程度(マイナス三〇dB)、最小(マイナス∞dB)の三段階に設定された。ここでいう残響と路面反射音の強さとは、「車両音」に対する「残響音の強さ+一次反射音の強さ」の比を示している。〇dBとは、路面が放射音を完全に反射し残響がもっとも強いことを意味し、マイナス∞dBとは、路面が放射音をまったく反射せず残響が皆無であることを意味する。この実験では、車両走行音は数秒かけて右から眼前に接近してくる。聴取者の真正面に車両音が到達する一秒以前から、その音は聴こえなくなる。聴取者は、それまで聴こえていた音の変化から、正面に車が到達する時間を予測して、パソコンのキーを押して回答した。これらの回答をもとに、車両音が正面に移動するまでの実時間と、予測された到達時間の誤差を求めた。

図2‐8に、残響と反射音の強さを変えた場合の、予測された時間の誤差を示した。縦軸は実際に車両音が到達した時間と予測された時間の誤差の平均値を示す。誤差が少ないほど値が小さくなり、正面に車両音が到来することを正確に予測できていることを意味する。

図2‐8aが乾いた路面を走行する車両音を聴いた場合の結果である。これを見ると、反射音が中程度の時に予測された時間の誤差が最も少ない（〇・二八秒）。これは、車両音の接近を正確に知覚していることを意味している。そして次に、反射音が最大の場合が続く（〇・三七秒）。約〇・一秒の差である。車両が時速六〇キロメートルで走行している場合、〇・一秒の差を距離に換算すると約一・七メートルとなる。乗用車の全長から考えれば、約一・七メートルのずれは衝突を回避できるか否かにかかわってくるので無視できない時間差となる。実験前の予想通り、残響が大きいと車両の接近の予測が不正確になっている。さらに、残響・反射音が最小の場合、車両音の接近の予測が意外と悪いということがわかった。

図2‐8bが濡れた路面を走行する車両音を聴いた場合の結果である。五つの条件を比べると、誤差はどれもあまり差がない。路面が濡れると路面走行音に水を跳ね上げる音などの

付帯音が加わる（図2‐6、図2‐7のサウンドスペクトログラムを参照）。その結果、車両の位置が曖昧になり車両の定位が不正確になったのであろう。これは、先に述べた目の見えない人が日常生活で経験することと合致する。車両が到達するずっと以前から路面反射音や「シャー」という水を跳ね上げる音が先行して聴こえるため、車と聴取者との距離が予測しにくくなるからである。

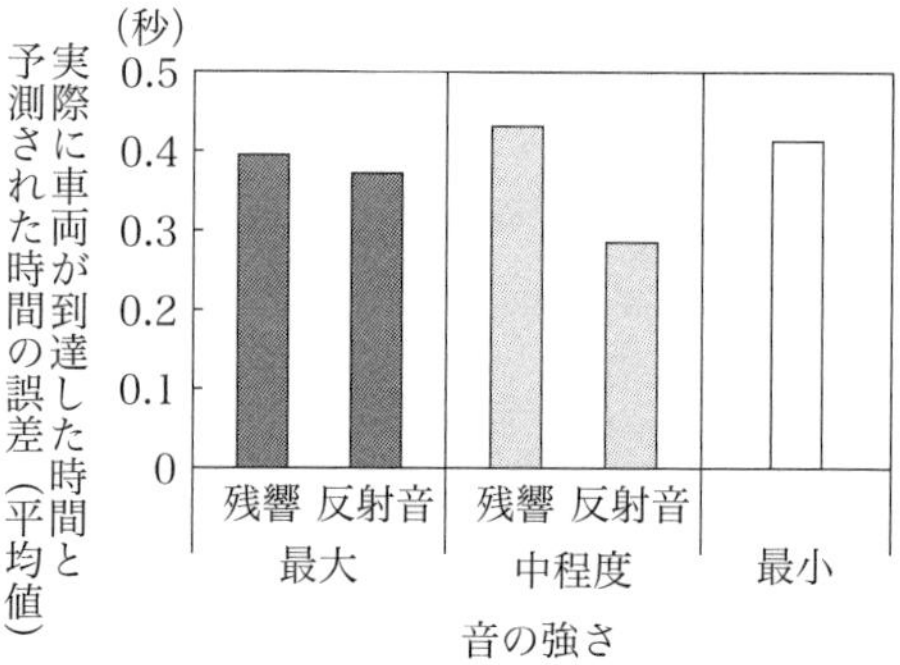

a. 乾いた路面を走行する車両音の場合（n ＝10）

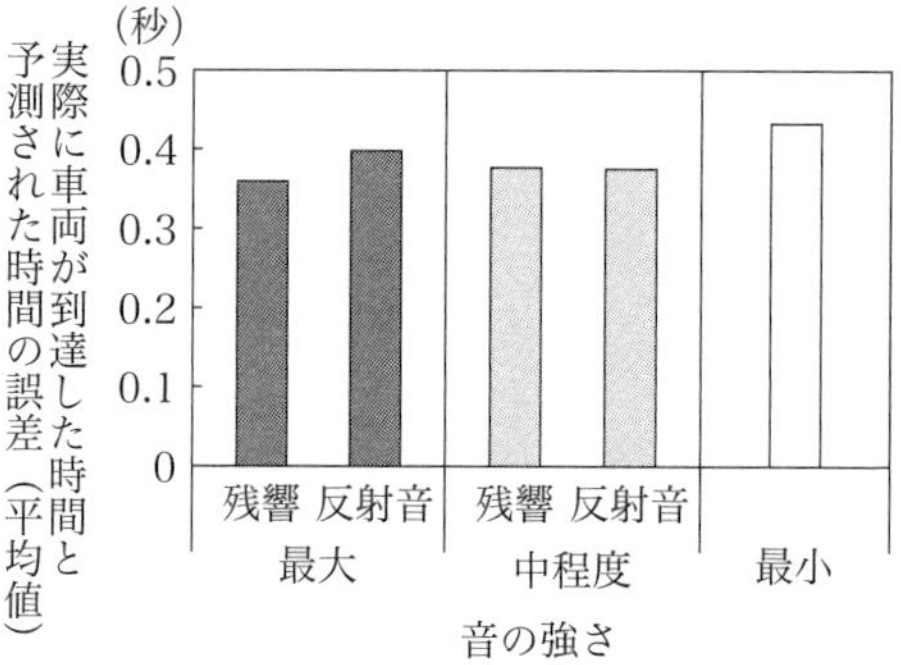

b. 濡れた路面を走行する車両音の場合（n ＝10）

図2-8　予測された車両音の到達時間と残響・反射音の強さとの関係（伊藤・塩瀬・間々田，2005より改変）

まとめると、残響は強さにかかわらず車の接近を予測するには邪魔になる。路面の反射音も強すぎると邪魔になる。また、残響や反射音が大きいと肝心の車両の接近が見積もりにくくなる。一方、反射音が適切な強さだと、車両の到達を正確に判断するのに有効なようだ。こう考えると、残響・反射音の強さは中程度（マイナス三〇dB）、すなわち車両音の強さの千分の一程度がよさそうである。

実際の道路の車両走行音を思い返してみると、残響や反射音が強い場所といえば、トンネルの中、高層ビルの谷間、防音壁が高い高速道路などである。一方、それらが弱い場所といえば、路面の周囲に音を完全反射するような壁面がない環境、たとえば、道路の周囲が人工的なアスファルトではなく、自然の土や草、森などである場合ではないかと想像する。人工物が少ないと人にとって優しい音環境が実現できるのかもしれない。

コラム2　道路横断訓練アプリ「わたろう」を使ってみよう

本章では、車両の接近音とその反射音、残響を聴けば、車両が接近するまでの残り時間を正確に知覚できそうることを示した。この研究成果をふまえ、ソフトウェア開発を手がけるフェノメナエンターテインメントと、舞台音響を専門とするエス・シー・アライアンスと共同で、目の見えない人が安全に道路を横断できるように訓練するためのパソコン用アプリ「わたろう」を開発した。このアプリは実録した車両走行音などを用いているので、道路上で実際に横断のタイミングを判断する訓練をしなくても、道路横断の判断を訓練することができる。

「わたろう」は、三次元立体音場を仮想的に再現するので、ヘッドフォンをつけて聴くと、あたかも目の前に車道が存在するような音の情景が広がる。

アプリで再生される車種は、ガソリン車やハイブリッド車、乗用車や軽トラックなど、多岐にわたる。音06から試聴できるし、このアプリのダウンロードもできる。ぜひ体験してみてほしい。

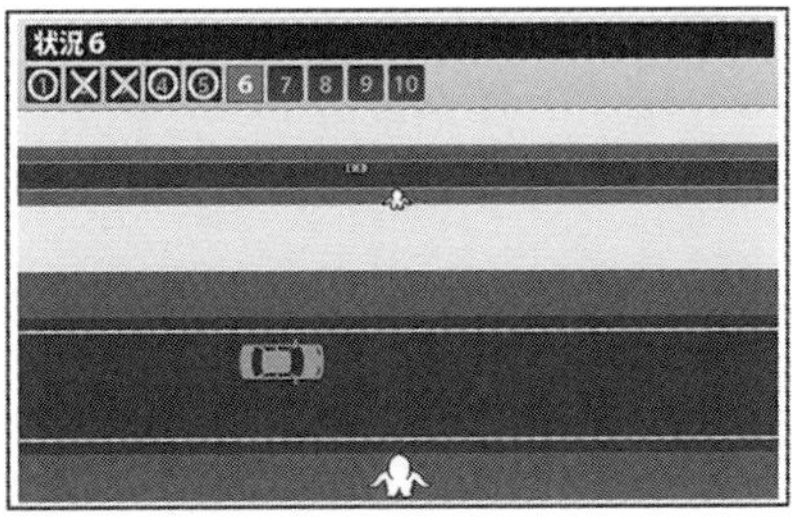

図2-9　道路横断訓練アプリ「わたろう」の表示画面

III章

音源以外が聴こえる
——「聴く」という潜在能力

「そこに物がある」とわかる目の見えない人がいる。もちろん、ふれることなくである。しかもその物は音を発しない。それどころか、曇天か晴天かの違いも感じるという。このようなエピソードはおよそ二百年前、フランスの哲学者ディドロによっても書き残されていたが、そのような知覚は長らく神秘のベールに包まれていた。本章では、わが国の最新研究などをひきながらその謎に迫る。すると、このメカニズムの根底に、振動知覚的自己があることが見えてきた。

Ⅱ章で取り上げた全盲の歩行者の発話に共通しているのは、「壁」「柱」「開けた」「狭くなった」など物体の有無、物体表面の大きさ、そして、場所の広さや形状であったことを思い返してほしい。目の見えない人は白杖や身体を物に接触することなくこれらを知覚していると思われる。では、どうしてそれが可能になるのか。この章ではこれをメインテーマとして考えてみよう。

1 音源から発せられる放射音は二種類ある

環境中の音は音源から聴取者に到達する放射音と、音を出さない物体（非発音体）に反射してから到来する反射音に大別することができる。放射音はさらに足音、白杖タッピング音（音01）など目の見えない人自らが発する音、すなわち自己生成音と、周囲の音源から発せられる環境音に分類できる。

自己生成音を使った反響音定位

目の見えない人が白杖でパンパンと床を叩いた音は物体に跳ね返ってから聴こえてくる

が、白杖音とその反射音の時間差の程度と、二つの音像（註12）の融合の程度を利用して、目の見えない人は物体の方向や距離を知覚していることがわかっている。コウモリやイルカなどが自ら鳴音を出し、それが餌などの物体に跳ね返ってくる反射音を利用して捕食するのに似ている。このように自ら発した音と反射音を利用して物体を定位することを反響音定位（エコーロケーション　echolocation）という。

環境音を使った物体の定位

自己生成音を使わずとも、物体から跳ね返ってくる音を利用してその物体の方向、距離を知覚することもできる。その時に利用されているのが、周囲に存在する環境音である。静まりかえった山中でもないかぎり私たちの周囲には絶えず音を発する物が存在している。街中であれば移動する車両、人の足音や音声、建物内や家の中には電化製品などさまざまな音源に囲まれている。また自然の中では鳥や虫の鳴き声、川のせせらぎ、潮騒、そして雨音など多岐にわたる。これらはすべて直接聴取者に届く放射音である。

では、目の見えない人にとってこれら放射音が周囲の物体の配置を知覚するためにどのような手がかりとなるのだろうか。

2　障害物知覚――音を出さないものの知覚

目の見えない人の中には、触覚を使わずに、音を出していない物体の方向とその距離、時にはその材質までも知覚できる者がいる。彼らにそなわっているこの知覚は一般的に障害物知覚（obstacle perception）とよばれている。この語はおそらく、目の見えない人が歩いている時に接触することなく障害となる壁、柱を避けたり、角を曲がったりすることができることに由来しているのであろう。実際には障害物知覚の拡張としてⅡ章2の表2－1にあるような場所の広さ、天井の高さなど、その場所の特徴に関する情報もピックアップすることを含めるのが適切である。

さて、目の見えない人が部屋の広さの全体を触ることなく知覚したり、物にぶつかる前にさっと避けたりすることは、実に二百年以上も前から知られていたようである。

彼女は気圧と空気の状態によって、天気が曇りか晴れか、彼女が歩いているのは広場か外路か、外路か袋小路か、開いた場所か閉じた場所か、広い部屋か狭い部屋かを判断した。（中略）彼女は自分の足音と声の反響で、四囲の限られている場所の広さを測った。ディドロ「盲人に関する手紙・補遺」『ディドロ著作集第一巻哲学Ｉ』法政大学出版局、二〇一三年、一〇四頁

フランスの哲学者であるディドロは自身の書簡で目の見えない人の不思議な能力について言及しているが、周囲の環境のみではなく、曇天か晴天かなど空の状態も認識できることに驚いたことであろう。私の知っている目の見えない人の中にも、確かに、空に厚い雲があるか、あるいは晴天なのかを区別できる人は少なくない。ディドロの記述以後、目の見えない人のこういった感覚は二十世紀にいたるまで謎とされており、いくつかの仮説が出された。たとえば、次のようなものである。
(1)第六感説　目の見えない人にはいわゆる超能力のような第六感がそなわっていて、その感覚によって周囲を知ることができるという仮説である。この根拠となるような感覚器は発見されていないので、現在は否定されている。
(2)感覚鋭敏説　目の見えない人は視覚以外の感覚が鋭敏になっている。とくに聴力は晴眼者に比べて鋭敏になっているという説である。一般論として、視覚障害者は聴力が優れている、と思っている健常者は今でも少なくない。障害物知

覚に関する研究を行ったライスら（Rice, 1967; Rice, Feinstein, & Schusterman, 1965）は一連の研究に参加した目の見えない人は決して聴力が優れているということはなかったと報告している。触覚などほかの感覚の感受性も健常者と比べてきわめて鋭敏であるという証拠もない。余談になるが、点字を触読するためには、二ミリを下回る二点弁別感度が必要となるが、これは、手指を動かすことによる触運動の結果生まれる。いわゆるアクティブタッチの結果現れる鋭敏さであり、一種の技能とよぶべきであろう。なお、目の見えない人は耳がよい、という俗説についての私の見解をコラム3で述べているので、そちらも読んでほしい。

(3)皮膚感覚説

目の見えない人の中には大きな物体が眼前にあると圧迫感を感じるという印象を報告する者が多い。このことから、彼らは「顔面で見る」ことができる（facial vision）という説もあった。つまり、額に第三の目があり、それが鋭敏な皮膚感覚とされた。目の見えない人の内省報告が皮膚による圧迫感ということで酷似していることや、皮膚感覚を否定する証拠が見つかるまでは、この説は否定されなかった。

3　障害物知覚のメカニズムの解明へ

二十世紀半ばになり、この怪しげな知覚能力は科学的に解明されることになる。ダレンバッハとその共同研究者たちは障害物知覚に関する一連の研究を行った（Supa, Cotzin, & Dallenbach, 1944; Cotzin & Dallenbach, 1950）。彼らの実験では全盲者の皮膚を覆っても反射面を知覚できたこと、耳を覆うとその知覚が不可能になることが明らかとなった。さらに、反射面にマイクロフォンを接近させながら集音される音をヘッドフォンから聴取するだけで、全盲者は、マイクロフォンが反射面に接触する直前にそれを停止させることができた。これらのことから、障害物知覚は音に起因する知覚現象であることが明らかとなった。この時点では、どのような音響物理的要因がこの種の知覚現象を生み出すのかは不明確なままであったが、高域の音、ドップラーシフト（註15）などが候補とされていた。

この問題に決着をつけたのは日本の福祉工学の第一人者である伊福部（一九九三、一九九七　関・伊福部・田中、一九九四）であった。彼と共同研究者らは、障害物知覚を可能にしている主要な音響物理的要因を大きく二種類あげている。

図3-1　物による音の遮蔽

物体による音の遮蔽

第一の要因は音の遮蔽である。図3-1のように、音源と聴取者の間に壁面や柱などがあると音源からの音波は遮音される。その結果、聴取者に音が届かないか、あるいは、減弱して到達する。聴取者からすると、遮蔽物がない場合に比べて、周囲の音が静かになったように感じる。もし、聴取者が移動しているならば、遮音されている音は変化する。つまり、遮蔽物の大きさ、遮蔽物との距離に応じて聴こえてくる音が変化する。そして、最も顕著な変化は遮蔽物の切れ目、すなわち遮蔽縁で起こる。これは、遮蔽縁付近の場所では音源からの音波が遮蔽物体の影響を受けずに聴取者に到来することによる。

註15　ドップラーシフト（Doppler shift）あるいはドップラー効果（Doppler effect）とは、一定の周波数の音を発しながら移動する音源の周囲でこの音を聴く時、音源が接近してくると、音の高さが上昇したように聴こえ、音源が遠ざかる場合には音の高さが低下していくように聴こえる現象。サイレンを発しながら接近してくる救急車では、サイレン音の周波数は変化しないにもかかわらず、接近してくるとサイレン音が高くなったように聴こえ、遠ざかると低くなっていくように聴こえる現象がその一例である。

表3-1　遅延時間と音像の位置の変化

反射面までの距離	遅延時間	放射音の音像と反射音の音像
2m以上	10ミリ秒以上	音像は放射音像と反射音像とに二分されている。
		エコー検知限
1～2m	数ミリ秒～10ミリ秒	先行音効果が生じる。反射音像が消失しはじめ音像は放射音方向に移動する。
1m以下	数ミリ秒以下	音像は合成音像となる。反射音像にかわり「圧迫感」を感じる。

放射音と反射音が耳に届くまでの時間差

第二の要因は放射音と反射音とが耳に到達するまでの時間差である。わかりやすい例が山びこだ。「やっほう」と声を出すと遠く離れた山の斜面から「やっほう」という音が聴こえてくる。これは音声波が山の斜面に反射した後、反射音として耳に届くことに由来する。ある程度遠くの山から跳ね返ってくると、自分の声と反射した声という二つの音声の音像が明瞭に分離されて聴こえる。山が自分に近いならば二つの音声は明瞭に分離できない。反射面が自分からさらに近距離にあれば、自分が出した音声と反射した音声の二つの音像は融合してしまい、少なくとも二つの音としては分離できない。

表3-1に、環境に存在する放射音と反射面からの音の到達時間差と聴こえる音の関係を示す。放射音と反射音がともに遮られることなく聴取者の耳に到達するような状況を想定しよう。このような状況では放射音に比べて反射音は遅れて耳に到来する。なぜなら反射音のほうが反射面に

跳ね返ってから耳にやってくるので、伝播距離が長くなるからである。この遅延時間が十分に長いと、人は放射音と反射音を異なる二つの音像として知覚する。二つの音が耳に届くまでの時間差が短くなるにつれて、聴取者は二つの音像を区別することができなくなっていき、最終的には二つの音像が一つに融合して聴こえる。同時に、反射音の音像が定位できなくなる。これは先行音効果の一種として知られている。二つの類似した音のうち一方が短い時間だけ遅れて耳に到達すると、人は先行する音を知覚するために、後続音の聴取をあえて抑制する。抑制が働くか否かの分かれ目となる時間差をエコー検知限という。エコー検知限よりも短い時間だけ遅れて耳に反射音が到達すると、障害物知覚を有する目の見えない人は触感印象すなわち「圧迫感」を反射面方向に抱く。

このように放射音に対する反射音の遅延時間に依存した聴こえ・圧迫感が生起する。このことは、聴覚と触覚とが密接な関係にあることも示唆している。これについては本章の「6残された問題」でふれることにする。

放射音が直接耳に到達し、かつ同じ音が反射面で反射してから耳に到達すると、これまで述べたように二つに分離していた音像が一つに融合し、圧迫感として感じられるだけでなく、別の知覚現象も生起する。次節ではその聴覚現象、すなわちカラーレーション（註16）の知覚について見ていこう。

4　反射面に接近していくと、聴こえる音の音色が変化する

カラーレーションとは何か

前の節で述べたように、放射音と反射音の到達時間差が変わると、それは音像の位置を変異させるだけでなく、聴取者がいる場所で聴こえる包囲音の音色（註17）も変化させる。聴取者が反射面に近づけば近づくほど、その音の音色全体が高く聴こえる。

図3-2の曲線は、聴取点（本書では聴取者の片耳の位置）と反射面との距離に対応して音色が変化することを示したものである。縦軸は音色の基本周波数、横軸は聴取点と反射面

註16　音響学で用いられるカラーレーション（coloration）の意味は次のとおり。「直接音に続く反射音の遅れ時間が数ms～十数msの場合に、位相干渉によって直接音の音色が変化して聞こえること。遅れ時間が1ms以下で生じる音像移動や50ms以上で生じるエコー障害と同様に音響障害の一つとみなされている。ホールの音響設計や録音のエコー処理などの際には、この現象に注意する必要がある。（『新版　音響用語辞典』、日本音響学会編、コロナ社、二〇〇三年、七七頁）」
註17　音色とは、音を構成する周波数成分や波形などによって変化する。音色は音の印象にも密接にかかわるのみならず、本章以降に述べる音場を識別する有力な音情報となる。

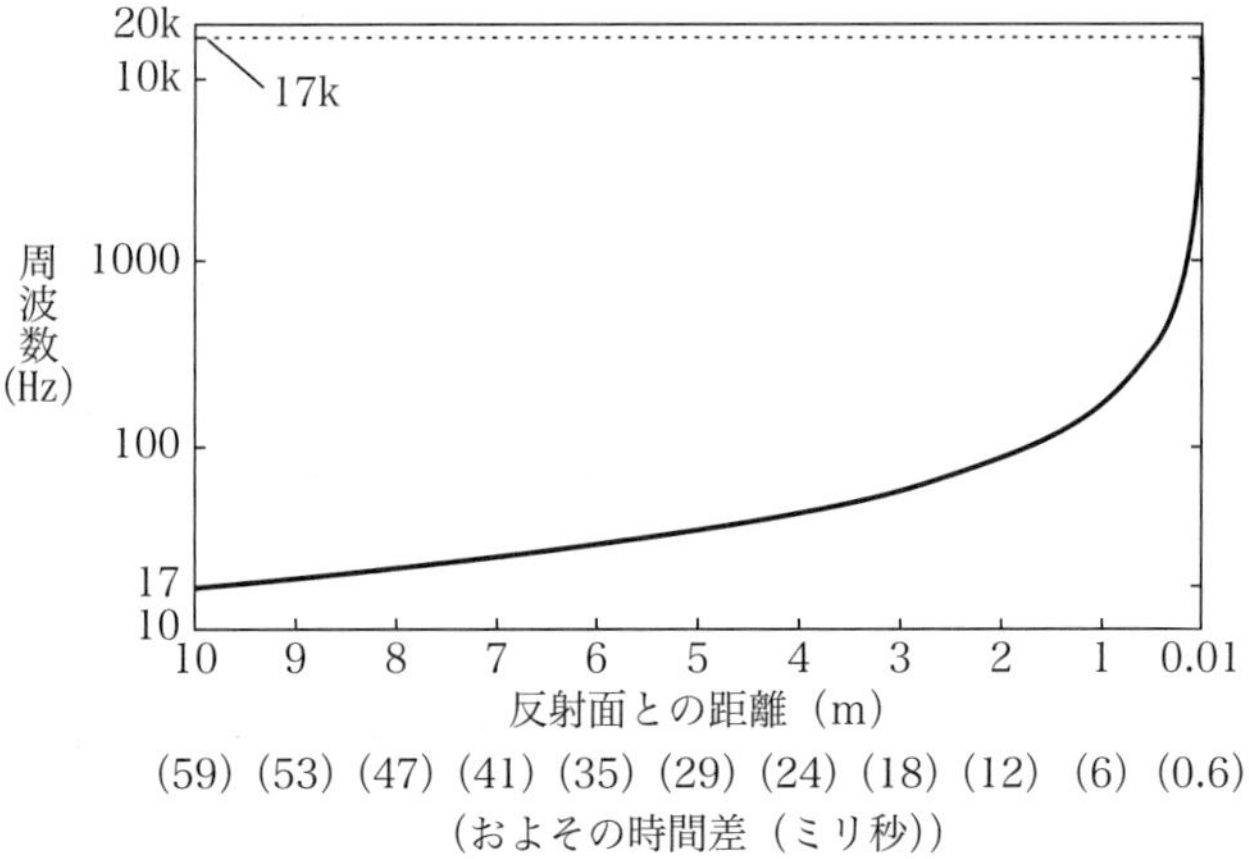

図3-2　聴取点から反射面までの距離と音の高さの関係

との距離である。なお、横軸には耳に届くまでの放射音と反射音との時間差を併記した。これを見ると、聴取点と反射面との距離が一〇メートルから一メートルまでは音色が緩やかに上昇するが、一メートルよりもさらに近づいていくと、音色は急激に高くなることがわかる。

このような、聴取者と反射面の距離に対応した包囲音の音色は「カラーレーション」とよばれている。一般的に、建築物やスピーカーの音響設計においてカラーレーションは都合のよくない物理現象とされるが、実は目の見えない人にとっては周囲の状況を把握するために重要な音情報となりうる。自然界に起こる現象にはむだなものがないという好例であろう。

カラーレーションに類似した音

カラーレーションを想像してもらうために、類似した音を簡単に体験できる方法を紹介する。片耳をすっぽり覆えるくらいのグラスを耳にかぶせてみよう。コツは、耳全体を密閉せずに、グラスを軽くつけるか、ほんの少し耳から離すことである。もちろん、静寂な場所では何も聴こえない。テレビや換気扇など音源となるものが近くにあるのが望ましい。すると、「クォー」とか「コゥー」という音が聴こえるだろう。これがカラーレーションに似た音である。次に、大きさの異なるグラスや、グラスに似た形状の容器で試してみよう。容器の厚さや大きさ、耳に当てる時の角度や近づける距離によって、聴こえる音が変わるのもまたおもしろいと思う。これらの音が、障害物知覚を有する目の見えない人が反射面に接近していくと感じる音に類似している。

音の高さの変化の例としては、大きな鍋に水をためていくと、その音が高くなっていくとともに、大きくなっていくような印象を抱くことがあげられる。詳しくはⅣ章2で述べるが、液体が容器を満たす際の音の高さの変化（図4-7）と、図3-2の急激に上昇するカーブが類似していることに注目してほしい。

これらの例は、音波の位相干渉ではなく、容器の共鳴によって生じる音である。あくまでもカラーレーションのたとえであって、目の見えない人が反射面の方向にいつも「クォー」

という音を聴いているわけではないということを強調しておきたい。もし、このような音が常に聴こえているとしたら、うるさくてたまらない。

カラーレーションが聴こえるしくみ

では、カラーレーションはどのようなしくみで聴こえるのだろうか。まず、聴取者の周囲に反射する物がまったくなく、ただ環境騒音だけが聴こえている状況から説明をはじめよう。ここでいう環境騒音とはどこからともなく聴こえてくる雑踏音のようなものと思ってほしい。こういう音は極端に音源に近づかないと音が大きくならないし、そもそもどこから聴こえてくるか、何個の音源が周囲にあるのかわからないような音である。こういう環境騒音は音源までの距離が不明確なので、音源から聴取者に音波が伝わってくるまでの時間もわからない。ここでは、環境騒音の音源から聴取者に音波が到達するまでの時間は考えないことにする。音源から放たれている放射音は絶え間なく聴取点に到来する音波であり、かつ、広い周波数帯域のノイズの一つであるピンクノイズ（註18）と仮定する。私たちの周囲を眺めてみると、ピンクノイズのように、複数の周波数からなり、かつ、絶え間なく放たれている音は意外と多く存在している。たとえば、モーターの回転音、風や雨の音、潮騒などは、一瞬で消失せず絶え間なく続き、単一の周波数の音ではなく広い幅をもつ多数の周期・周波数からなるノイズであることが多い。このように、私たちは日常、広帯域ノイズの放射音と反射音に囲まれているといってもよいだろう。このピンクノイズの波形、その周波数と音のパワー（強さ）の関係を図3-3に示す。対比のために同図中にホワイトノイズとよばれる雑音の波形、その周波数と音のパワーの関係も示す。周囲に反射するものがまったくない状況下では、聴取者にはただのピンクノイズだけが聴こえている。実際に聴いてみてほしい（音08）。

次に、この状況の中で、反射面を聴取者から一メートル離れたところに置いてみる。この時、聴取者にはどのような音が聴こえているのだろうか。耳が位置する場所における包囲音構造を音波の周波数とその強さの関係から見てみることにしよう。この聴取点で聴こえる音を音09に掲載したので聴いてみてほしい。左側に環境騒音を模擬した放射音源、右側一メー

註18　図3-3のように、ホワイトノイズの場合は低い周波数から高い周波数までパワーが一定であることがわかる。さらに、波形は無秩序に見えるため、複数の周期の波が混在していることが想像される。ホワイトノイズとは、パワーが一定で広い帯域の雑音である。テレビが四六時中放送されていなかった時代、番組放映が終了すると、「ザー」という音がしていた。「砂嵐」などとも呼称されていたこの音がホワイトノイズである。ほかには、オーディオ機器のボリュームをかなり上げると聴こえる「サー」という音もホワイトノイズのような雑音である（音07）。一方、ピンクノイズの周波数と音のパワーの関係を見ると、周波数が低くなるほどパワーが高くなることがわかる。つまり、右肩下がりの広帯域の雑音がピンクノイズである。潮騒や風の音など、自然界の音はピンクノイズの特徴とよく一致する（音08）。

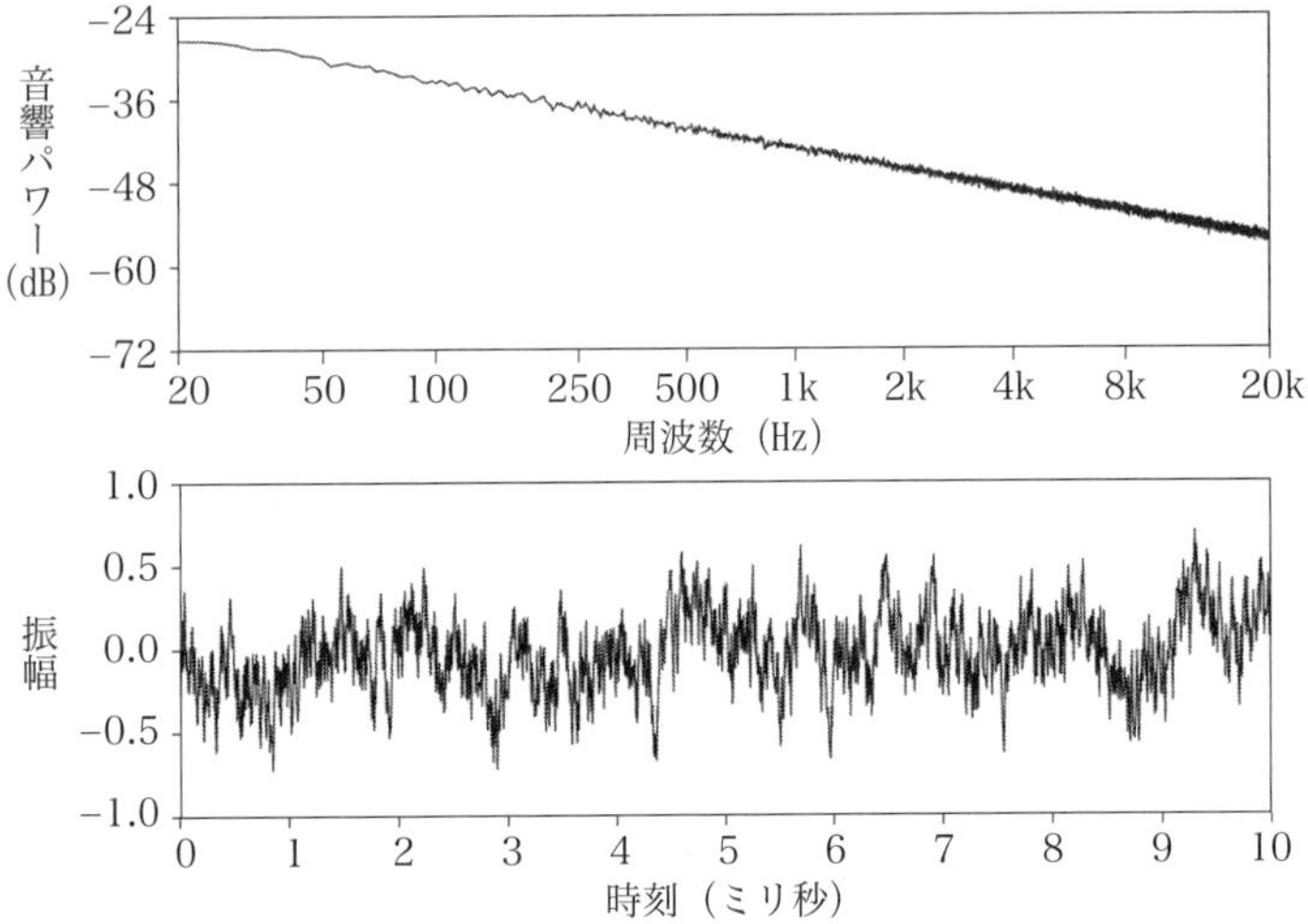

ピンクノイズのパワースペクトルと波形

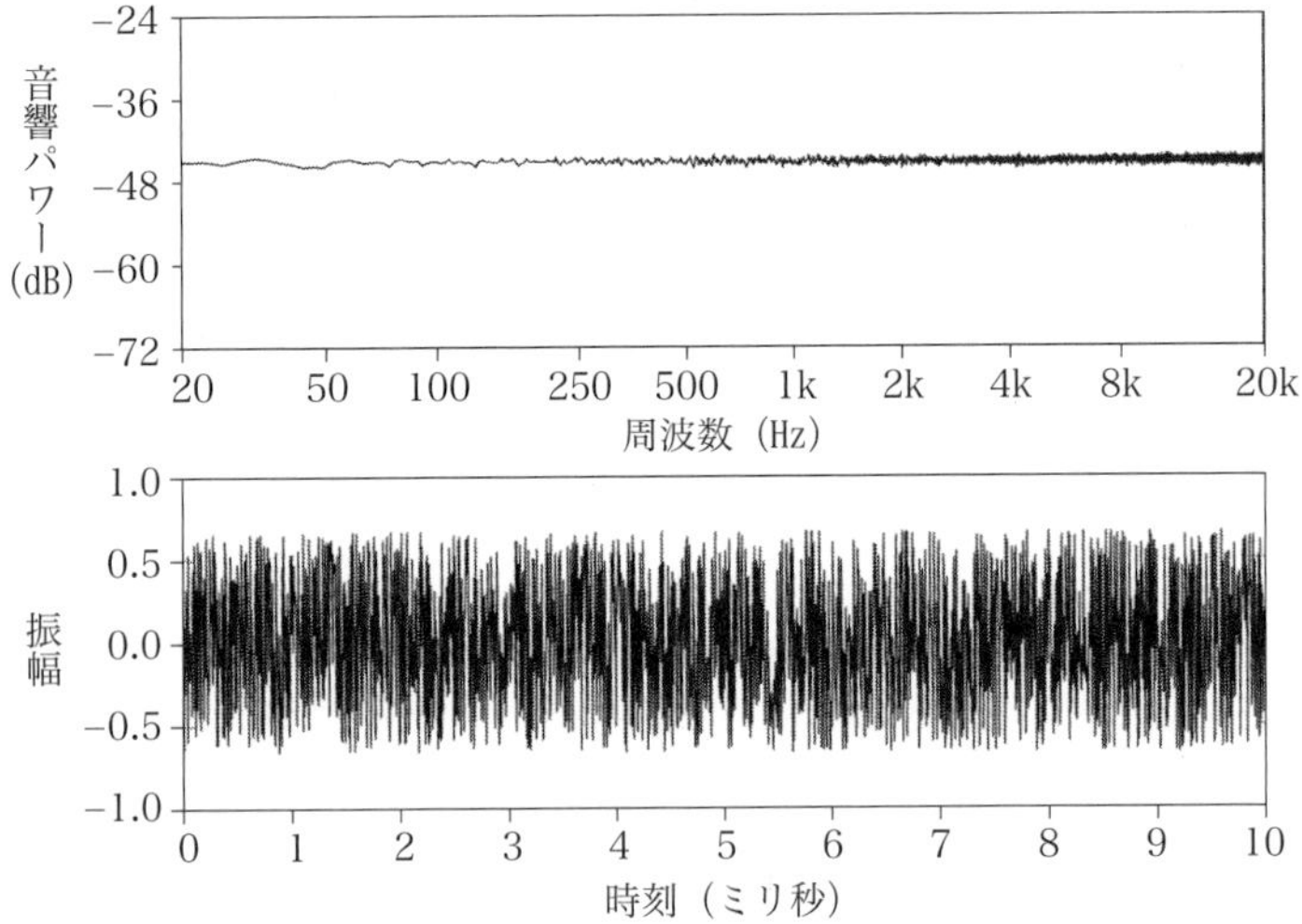

ホワイトノイズのパワースペクトルと波形

図3-3　ピンクノイズとホワイトノイズの周波数と音のパワーの関係

トル離れた場所に反射面がある場合の聴取点の音を再現している。

この聴取点で聴こえる音波の様子を図式化したのが図3-4である。聴取者がいる場所には一つの放射音源と一つの反射面が存在している。すると、聴取者には音源から到来する放射音と、それが反射面に跳ね返って到来する反射音の二つの音が聴こえている。当たり前のことではあるが、放射音がピンクノイズであれば、反射音もまた当然ピンクノイズとなる。

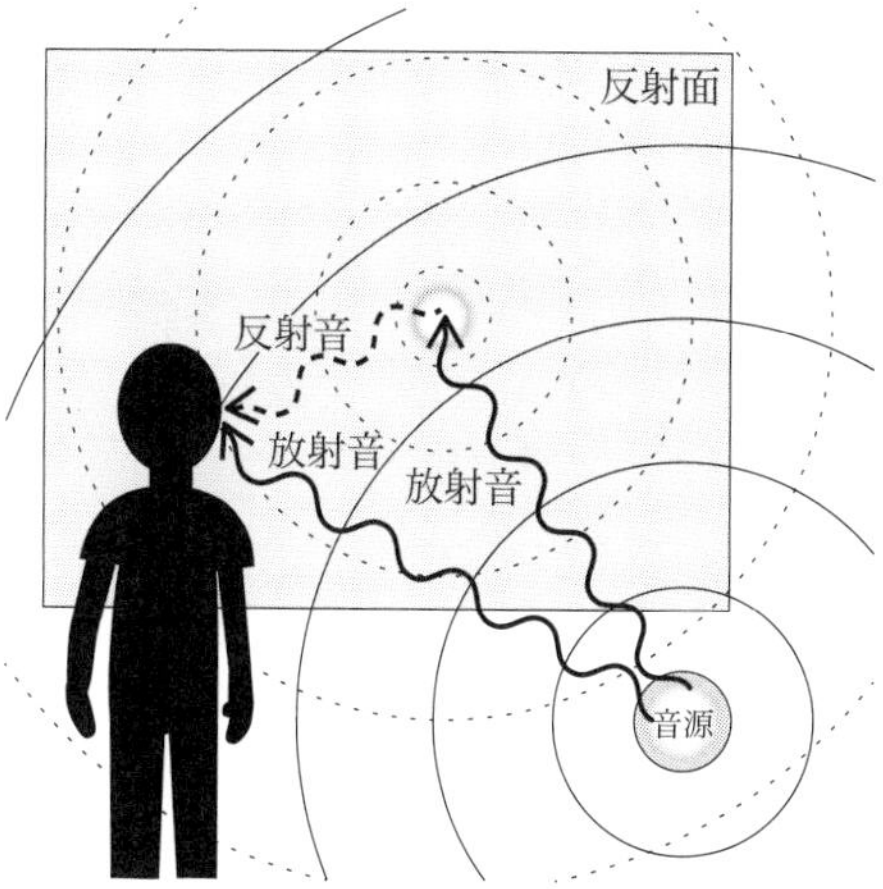

図3-4　聴取点で波が合成

光の場合は放射光が白色光であっても反射光が緑色光になったりするが、音の場合は、放射音がピンクノイズなのに反射音がウグイスの鳴き声になるということは起こらない。

さて、反射音は文字通り反射面で跳ね返ってから聴取者に到来するので、放射音に比べて反射音は遅れて耳に届く。この反射音は、音が聴取点から反射面までの往復距離を伝播する時間だけ遅れる（図3-4参照）。音の速度は周波数に無関係に常温で一定（摂氏二〇度で三四〇メートル毎秒）であるから、聴取点と反射面の距離が決まれば、反射音が放射音よりどれだけ遅延して到来するかが決まる。

反射面から一メートル離れたところにいる聴取者の位置で、放射音と反射音が互いに弱め

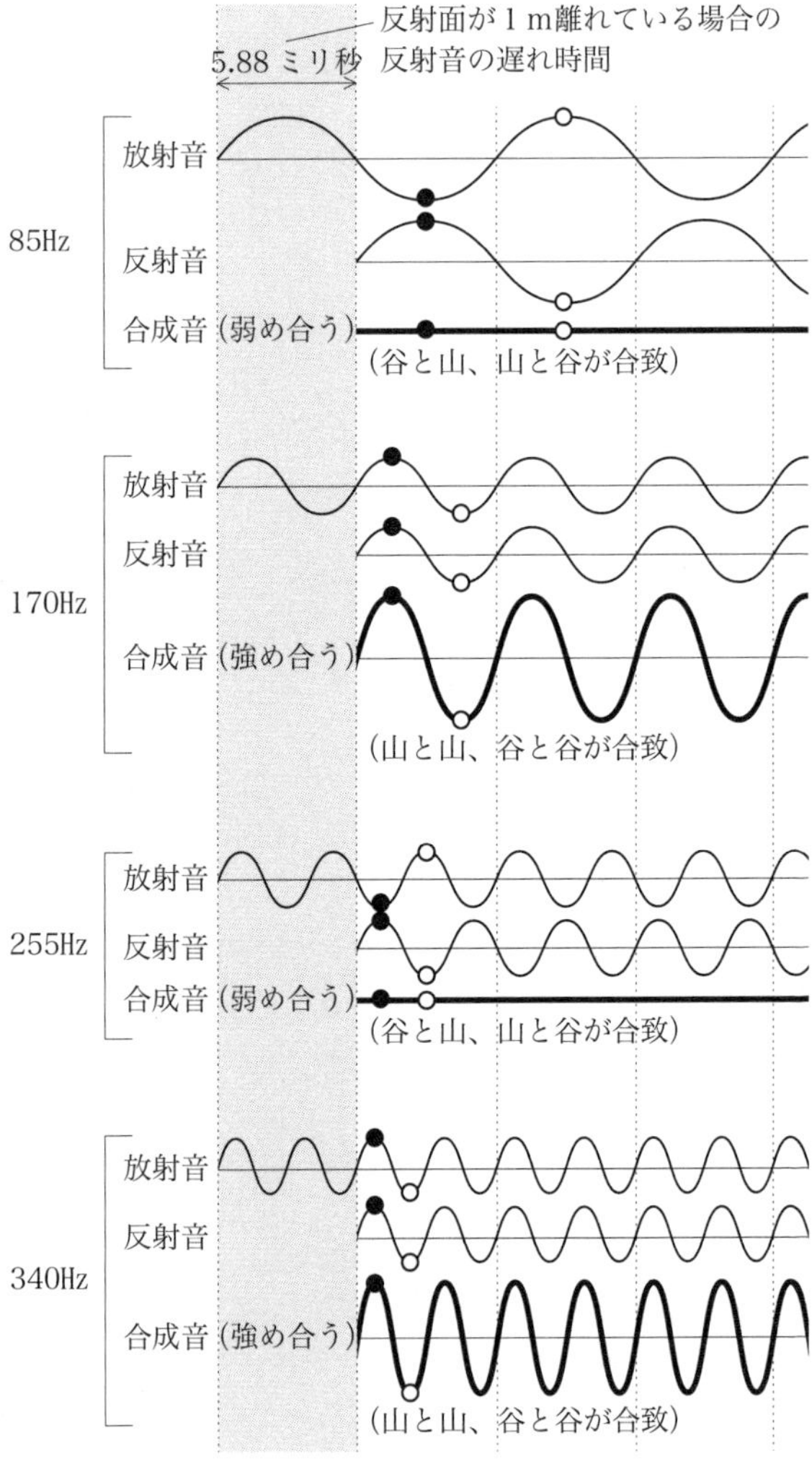

図3-5　波同士が弱め合う・強め合う

合ったり強め合ったりするしくみを図3-5に示した。聴取点から一メートル離れたところに反射面がある場合、反射音の遅れ時間を計算すると、およそ五・八八ミリ秒（千分の五秒あまり）となる。この五・八八ミリ秒はちょうど１７０Hzの音波の一周期（波形の山と谷が一回ずつ現れる時間）と同じである。１７０Hzの音波の場合、図3-5のように、放射音と反射音の波形の山同士、谷同士がぴたりと一致する。すると、その結果、元の音波より山も谷も大きくなる。つまり、振幅が大きくなる。

先にも述べたようにピンクノイズはさまざまな周期・周波数の音波を含んでいる。では、ほかの周波数ではどのような様子になるだろうか。同図の85Hzの波形を見てほしい。85Hzでは放射音の波形の谷と反射音の波形の山、放射音の波形の山と反射音の波形の谷が完全に一致している。すると、この周波数の音では、放射音と反射音の波はちょうど半周期ずれて、聴取点ではこの音波の振幅は相殺される。この音波の一周期はおよそ一二ミリ秒であり、これは、五・八八ミリ秒の約二倍にあたる。

ここまでをまとめると、放射音源のみが聴取点に届いている場合は、音は一つだけが聴こえる。加えて、反射面が一つだけ音源と異なる方向にあれば、放射音と反射音の両方が聴取点に届く。聴取点ではこれらの合成音が聴こえている。ただし、反射面と聴取点の距離により決まる時間だけ反射音は遅れて到達する。その結果、放射音と反射音が強め合う音波もあればい弱め合う音波もある。どのような波が強め合い、どのような波が弱め合うのか、再び図3‐5を見てほしい。170Hzの偶数倍の音波は五・八八ミリ秒の間に二周期、四周期…が含まれるから、波同士は強め合う。一方、85Hzの奇数倍の音波は五・八八ミリ秒の間に半周期、一周期半、二周期半が含まれるから、これらの音波同士は弱め合う。これらの波形は図3‐6のように入れ子構造になっている（入れ子構造についてはコラム1参照）。

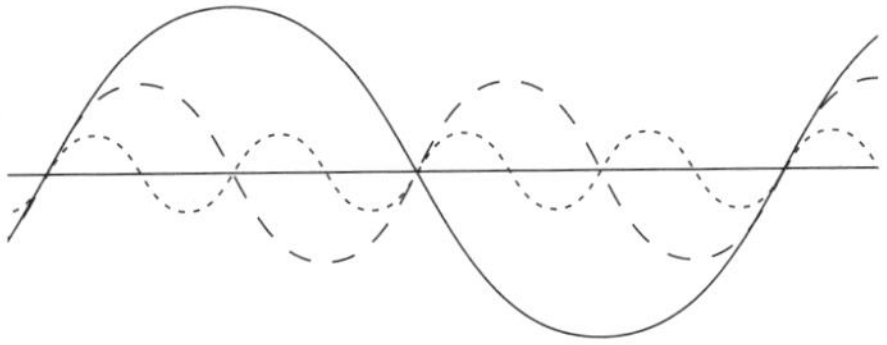

図3‐6　入れ子構造

反射面から一メートルの聴取点における放射音と反射音の合成音には互いに強め合う波も含まれているし、弱め合う波も含まれている。音波の周波数とそのパワーの関係から見たのが図3‐7である。図には比較のために放射音（ピンクノイズ）を重ねて表示している。これを見ると、周波数が低い左側はピンクノイズと類似した形状となっているが、ある周波数から右側（高い側）はまるでかまぼこが並んでいるような凹凸構造をしたパワースペクトルになっている。これが聴取点における合成音の特徴であり、カラーレーションの正体だ。個々のかまぼこ形状の頂点が最もパワーが強いことを意味する。それは放射音と反射音の波の山同士、谷同士が完全に合致している周波数である。一方、隣り合うかまぼこ形状同士の間の凹みは

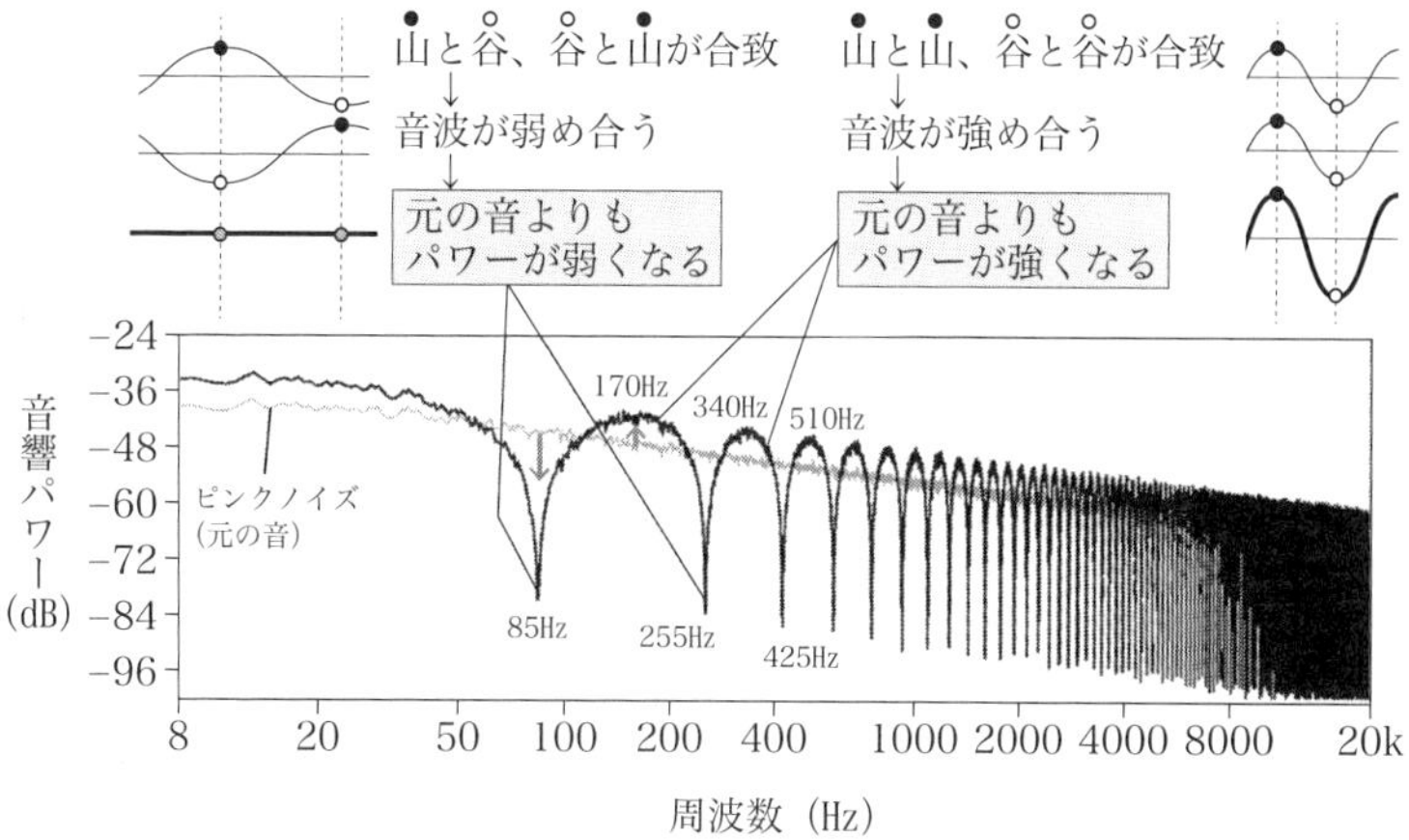

図3-7　反射面が1m 離れている場合のカラーレーションのパワースペクトル［音09］

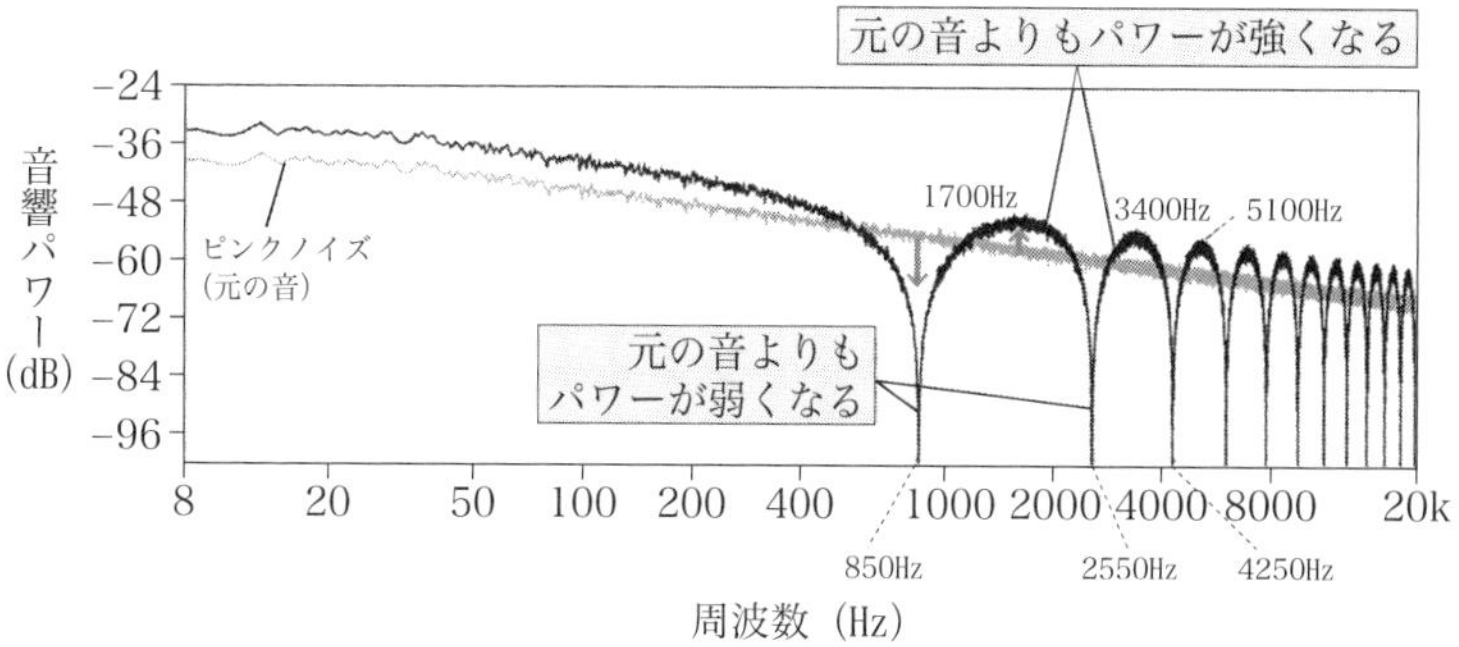

図3-8　反射面が10㎝離れている場合のカラーレーションのパワースペクトル［音10］

パワーが相対的に弱い。それは一方の山と他方の谷、一方の谷と他方の山とが完全に合致する周波数に相当しているからである。

では、壁面にさらに耳を近づけてみよう。右耳のすぐ脇、一〇センチメートルの位置に反射面を置いた時の聴取点におけるカラーレーションはどのようになるであろうか（音10）。反射面が一メートルの位置にある音に比べて、音が高くなっているように聴こえるのではないだろうか（註19）。これを周波数解析したのが図3-8のパワースペクトルである。一メートルの位置に反射面がある時の凹凸が、全体的に右に移動している。これは、反射面が一メートル離れている場合よりも凹凸を構成している周波数が高くなっていることを意味する。ゆえに、音が高く聴こえるのである。

まとめると、聴取者がいる場所に放射音源と反射面が存在していると、聴取点では放射音と反射音の合成音が聴こえる。その合成音はカラーレーションという一種の音色により特徴づけられる。その特徴はパワースペクトルに現れており、スペクトル構造は繰り返しのある規則的な凹凸を含む。周波数がもっとも低い凹み（ディップ）と頂点（ピーク）は聴取点と反射面との距離によって決まる。放射音源と反射面が存在する場所に聴取者が存在すると、聴こえている音は、その聴取点に特有の音色をそなえた聴取点を包む音（包囲音）（コラム1参照）になるのである。

カラーレーションの知覚は人にとって生きていくための戦略となる

ところで、逸話的に、障害物知覚を有する目の見えない人が反射面に近づくと、触覚的には圧迫感、聴覚的には音が大きく感じるという印象を抱くという。もちろん、反射面に接近すれば反射音の音圧が上がるだけではなく、前述のように、カラーレーションが高くなるように知覚されることもかかわっているといえよう。

聴取者が反射面に近づいていくと、カラーレーションが上昇するように知覚される。一メートルの位置では基本周波数170Hzの音色が生まれるが、接近するにつれて音色は上昇し、一〇センチメートルの地点で1700Hzを基本周波数とする音色にまで至る。人の聴覚は1000〜4000Hz付近の音に最も鋭敏である。ゆえに、反射面に近づいていくと音の違いがより鋭敏に感じられるのではないだろうか。このような知覚現象は意義深い。

表面が柔らかい物体よりも硬い物体のほうが、人が鋭敏に感じることができる音を含めた高い音域まで、音をよく反射する。この種の硬い表面をもつ物体と人が激しく衝突すると、身体を傷つけるどころか生命の危険をもはらむ。この意味で、反射物体はまさに「障害物」、いや「危険物」となってしまう。人はカラーレーションを知覚することにより、この

註19　音の高さは、周波数によって決まる。

ような接触や衝突を回避するための潜在的な能力を身につけているのではないだろうか。

音を反射する物体に接近すると、人の聴覚システムが鋭敏に知覚する音域に、強いパワーを含む音色が生まれ、生命の安全と危険を識別する音情報となりうる。このことは、聴覚・振動知覚システムが生命維持を深層で支えていることを暗示していると思われる。そしてこれこそが、人の生命維持を支える自然の摂理なのかもしれない。光情報を利用しない目の見えない人が障害物知覚を学習するということは、人の生き残り戦略の一つといえるだろう。

では、目の見えない人はカラーレーションの差異をどの程度鋭敏に知覚できるのだろうか。驚くことに、頭部が微細に動いただけで生じる音色の変化でさえも識別できることを示唆する実験報告がある。梶井らは私が合成したのと類似した方法で、障害物知覚を有する全盲者に、放射音と反射音のさまざまな遅延時間により生起する人工的なカラーレーションを聴取してもらい、それらの音色を識別してもらうという聴覚実験を行った（梶井・関・伊福部・田中、一九九四）。その結果、聴取点が反射面から一〇二センチメートルの位置においては一・〇四センチメートル、五一センチメートルの位置においては、わずか六・三ミリメートルだけ頭部が動くことで生じる微細なカラーレーションの変化さえも知覚できることがわかった。

実験で示されたように、頭部の微細な動きによるカラーレーションを知覚できるということは、カラーレーションの知覚は身体の動きを制御したり姿勢を維持したりするのに利用することが可能であるともいえる。障害物知覚と姿勢制御については次節で詳述するが、梶井らの研究はこのことを裏づける結果ともいえるであろう。そして、0章でふれた聴覚的自己(auditory self)が身体の姿勢や自身の動きも支える準拠枠となりうる。

カラーレーションのディップとピークの構造の微細な違いを識別できることは、おそらく、反射面までの距離の変化を正確に知覚することだけでなく、物体表面の材質の違いや肌《き》理《め》の差異の知覚にも関連しているのであろう(註20)。

5　反射面の動きが「聴こえる」と体が揺れる

壁の動きが見えると身体が動揺するということは以前より知られていたが、これと同様に、反射面を「聴くこと」ができると、聴取者自身の身体が反射面と同期して自然と動いて

註20　正確には環境騒音が放射音となる場合、反射音の遅延時間、カラーレーションの基本周波数は、反射面までの距離、聴取者の正面方向と反射面とがなす角度と音速により決まる。詳しくは関(一九九六)を参照されたい。

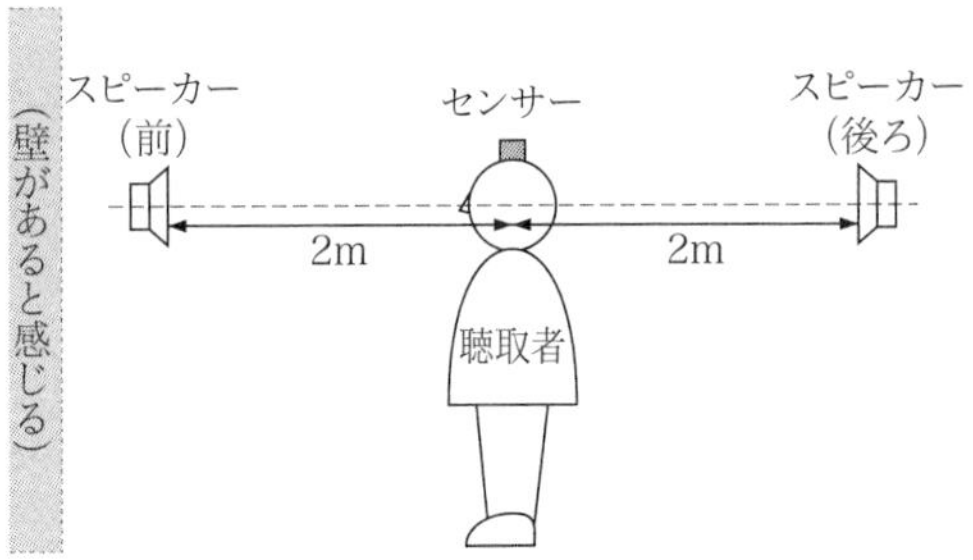

図3-9　障害物知覚にともなう体の動きを調べる実験

しまうという興味深い事実を、私と共同研究者たちが発見した。

私とストッフレーゲン、バーディー（Stoffregen, Villard, Kim, Ito, & Bardy, 2009; Stoffregen, Ito, Hove, Yank, & Bardy, 2010）は、レールの上を前後に移動する部屋の内側壁面にスピーカーを取りつけて部屋を動かし、目の見えない人の身体の揺れを調べた。すると、視覚において見出されたリーら（Lee & Lishman, 1975）の知見と同じように、部屋の前後の動きに同期して身体も前後に揺れることを発見した。ただ、実際に動いている部屋の壁面に音源を取りつけたために、音響流動だけではなく、部屋そのものの移動により内部の空気が動かされてしまった。結果的に空気の流れ、いわば風も生じてしまい、それ自体が力学的に目の見えない人の身体を動揺させたことも否めない。

そこで、伊藤・関（二〇〇〇）は、障害物知覚をそなえている目の見えない人に体の動きの協応が現れるのかを実験で確かめた。私たちは、障害物知覚が生じる原理を利用して、実際に反射面がなくても、まるで目の前に壁面が存在するかのように知覚することができる音響システム（仮想壁提示システム）を使用して実験を行った（図3-9）。このシステムではピンクノイズを出力し、後方からの音に比べ前方からの音を一〜五ミリ秒遅延させる。すると、障害物知覚をそなえた目の見えない人は、遅延した音を出力させているスピーカー側、すなわち前方に、まるで壁面のような物体の存在を知覚することができる。

この仮想壁提示システムを利用して仮想壁を前後に動かした際の体の動きを、目の見えない人と晴眼者の間で比較した。反射音の遅延時間を周期的に変化させることで、聴取者と、彼らが感じる仮想の反射面との距離を近づけたり遠ざけたりすることが実現できる。実験では仮想壁は聴取者から八〇センチメートルの位置にあり、それが二〇センチメートルまで接近し、再度八〇センチメートルまで遠ざかるという往復運動を繰り返した。この往復運動の周期は二〇秒とした。実験参加者は障害物知覚があると自己申告した全盲者と障害物知覚がない晴眼者であった。晴眼者はたいていの場合、障害物知覚をもっていない。

結果の例を図3-10に示す。それぞれの図の下段の折れ線は仮想壁の往復運動を示し、上段は実験参加者の体の動きを示している。横軸は時間、縦軸は移動距離である。これを見ると、全盲者は仮想壁の動きに同期した前後の振幅運動が見られるが、晴眼者にはそのような顕著な周期運動が見られないことがわかる。

なお、図中の r の値は、仮想壁の往復運動と身体の前後の動きの相互相関係数を示す。全

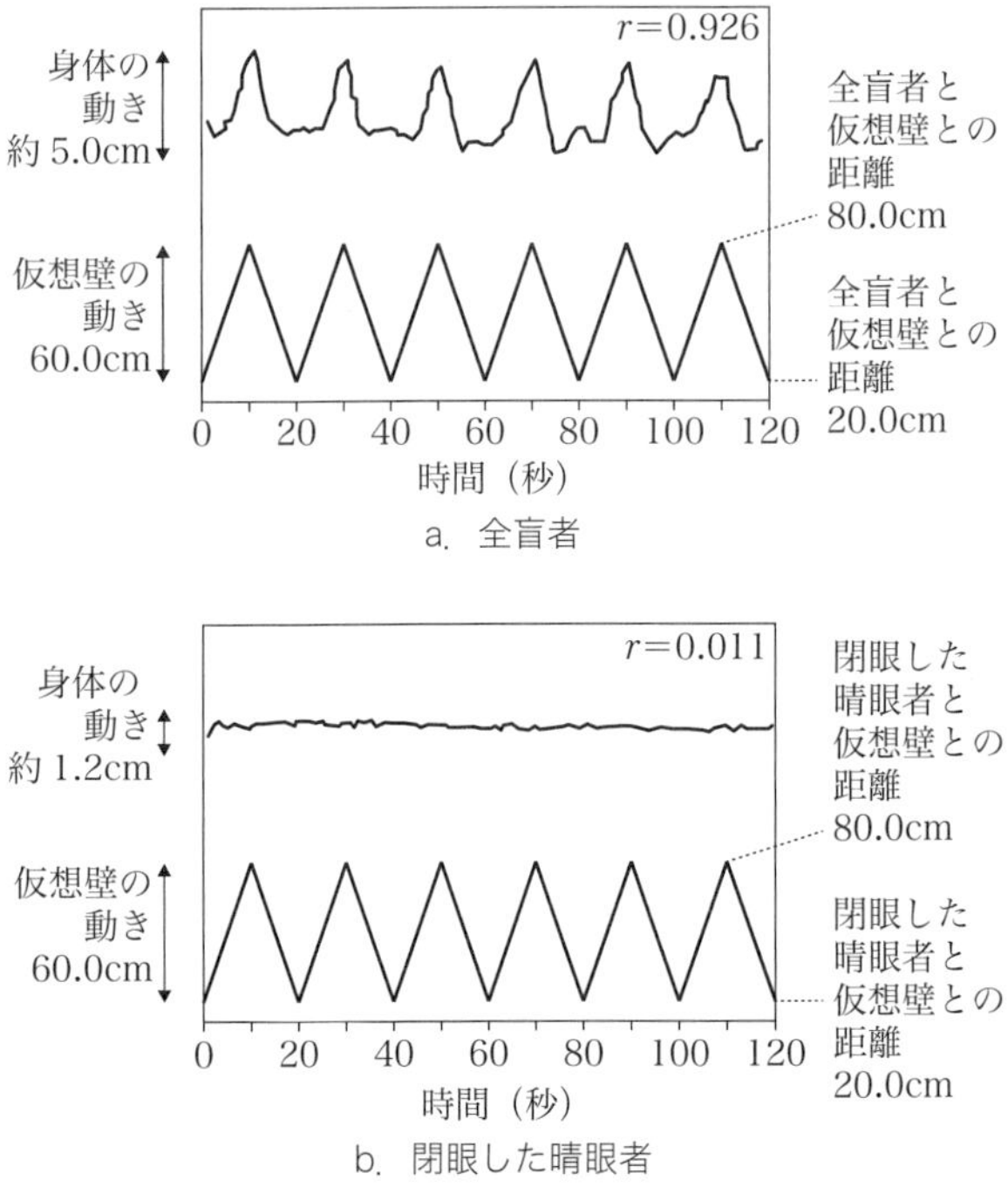

図3-10　全盲者と晴眼者の仮想壁の動きにともなう身体動揺

盲者の例では相互相関係数が〇・九二六となっているが、これは、仮想壁が接近してくると身体（厳密には首と頭部）が後方に動き、仮想壁が遠ざかると身体が前方に傾くという関係が高いことを意味している。一方、晴眼者の相互相関係数は〇・〇一一というきわめて〇に近い値である。これは、たとえ仮想壁が接近しても遠ざかっても、身体は仮想壁の動きとはまったく無関係に動いていることを意味している。つまり、全盲者は仮想壁の前後の動きに同期して身体が動くが、晴眼者ではそのような身体の同期が認められなかったといえる。

さらに、仮想壁の移動距離を一五センチメートル、三〇センチメートル、六〇センチメートルと変化させた際の身体の動揺も比較した（伊藤・関、一九九八、一九九九、二〇〇一）。図3-11に仮想壁の移動距離と身体の協応の関係を示す。この図を見ると、協応の程度を示す平均コヒーレンス（相互相関係数の二乗）は全盲者では仮想壁の移動距離にかかわらずほとんど差がない。ただし、晴眼者より値はいずれも高い。つまり、仮想壁の移動距離が短くても全盲者は仮想壁に協応して身体が前後に揺れていることを示している。

一方、図3-12に仮想壁の移動距離と身体動揺量の関係を示す。縦軸は身体の揺れの程度（身体動揺の標準偏差の平均値）を示している。全盲者の場合のみ仮想壁の移動距離が大きくなるにつれて身体の動きも大

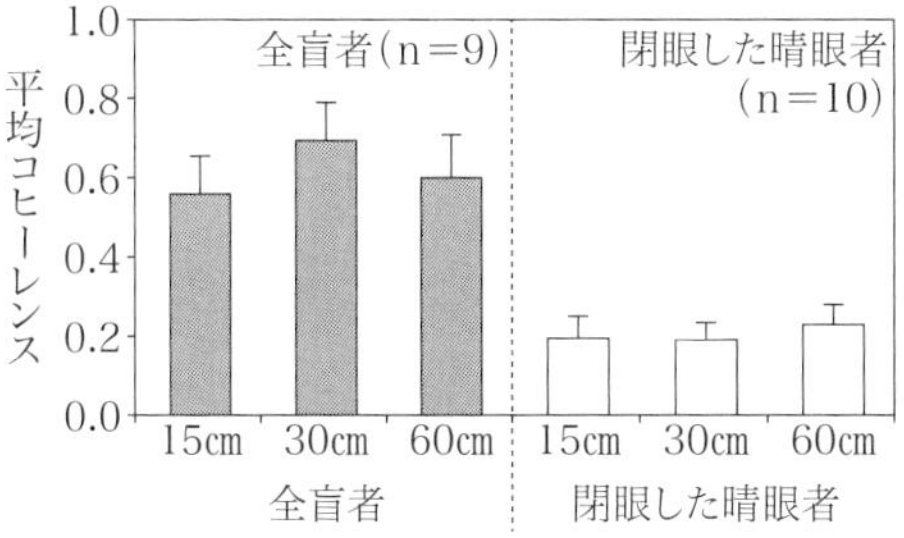

図3-11　仮想壁の移動距離によって変化する平均コヒーレンス

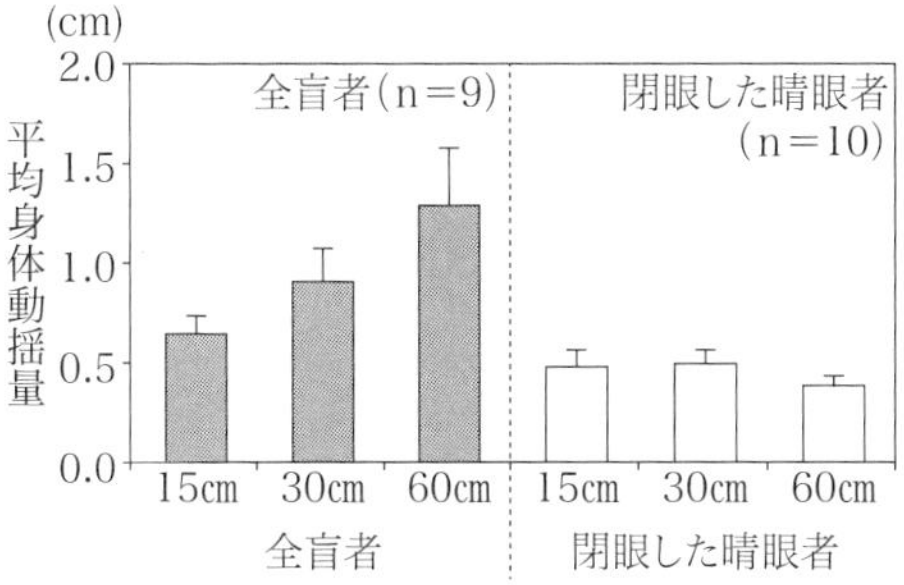

図3-12　仮想壁の移動距離によって変化する平均身体動揺量

きくなっている。この結果は、部屋の動きを目で見ている場合、部屋の移動量が増大するとそれを見ている人の身体の揺れも増加するという先行研究（Stoffregen, Smart, & Bardy, 1999）と合致する。仮想壁が移動する距離に応じて身体の動きが柔軟に変化するということは、つまり、晴眼者は主として視覚システムを、全盲者は主として聴覚システムを利用して周囲の物の配置や環境の変化に身体が協応していることを意味している。

障害物知覚は音を出さない壁面などの物体を知覚することに留まらず、環境の多くを占めている音を出さない物体の配置、あるいは「空間のサイズ」についての知覚でもある。目の見えない人はこの知覚により環境についての豊かな知覚情報をピックアップし、環境が要求する行為を実現しているのである。

6 残された問題——音響知覚から振動知覚への拡張

障害物知覚を生む要因は音の遮蔽や放射音と反射音の時間差であることを述べてきた。このメカニズムを目の見えない人に話すとよくこんな感想や質問が返ってくる。「でも、直接聴こえる音がない場所でも壁面や物があることがわかるけれど、なぜでしょう」、「トイレの個室に入ると放射音は聴こえないけれど、トイレの個室を構成している壁面の方向やおよその距離、圧迫感を感じることができるのはなぜ？」というものである。

確かに、換気扇や人の声、足音など放射音源が存在しない静かな場所でも壁の存在を知覚できることがある。とすれば、前述してきた音の遮蔽や放射音と反射音の時間差だけが障害物知覚を規定する要因ではないのかもしれない。

目の見えない人に人知を超えた超能力がそなわっているということは考えにくい。ただし、障害物知覚が可聴音だけを手がかりにしているのではなく、別の帯域の空気振動を利用していることは考えられる。そこで、私と共同研究者らは障害物知覚の実験を改めて行うことにした（Ito, Inou, Sawada, & Mishima, 2011）。

私たちは、静かな一室で全盲の実験参加者に、壁面まで接近していき、壁面に衝突する直前で停止するように求めた。実験の様子を図3-13に示す。

この実験では三つの条件が設けられた。一つめは、両耳を覆い可聴音を遮断する条件、

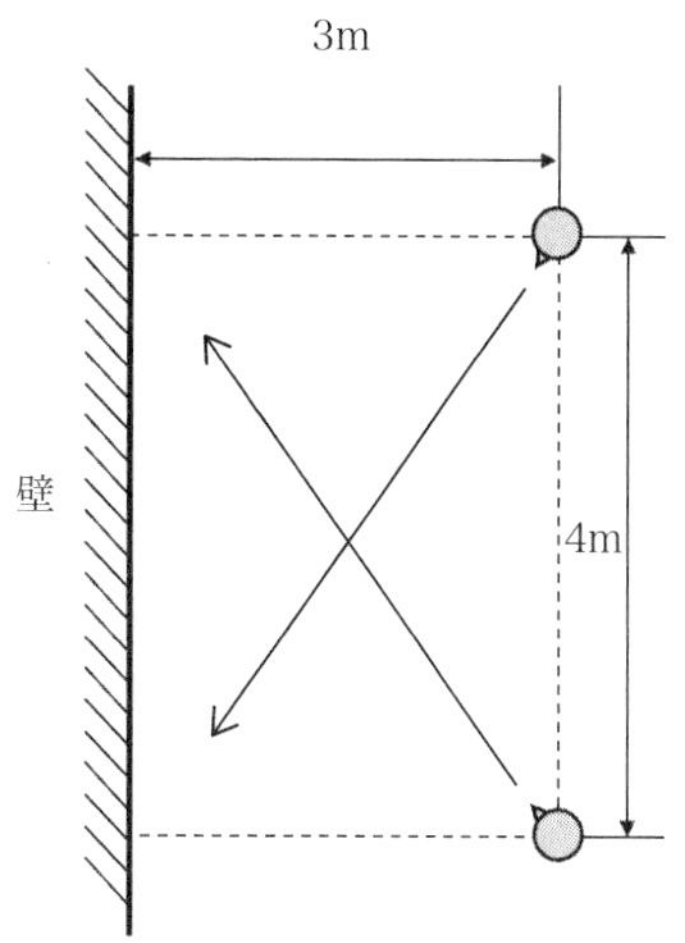

図3-13　音を遮断した状態で壁を探知する実験

二つめは顔面および両手手指の皮膚表面と両耳を覆い可聴音と触覚を遮断する条件（皮膚も耳も覆った条件）、そして皮膚も耳も覆わない条件である。まず、壁面との衝突率を見てみると、表3－2のように、両耳を覆うと壁面に一度も衝突しなかった。一方、皮膚も耳も覆ってしまうと七五パーセントの確率で壁面に衝突してしまった。また、皮膚も耳も覆わない条件ではすべての試行で壁面の直前で停止することができた。これは、可聴音を遮断してもなお、障害物知覚の手がかりとなる情報が存在していることを示唆する。

表3-2　壁面との衝突率

両耳を覆った条件	0%
皮膚も耳も覆った条件	75%
皮膚も耳も覆わない条件	0%

そこで私たちは、聴覚や触覚が遮断されると人の身体がどのような活動を示すのかを解明する実験を行った。歩行開始地点と停止地点（壁面の直前）において停止した状態で、全盲の実験参加者の手指の微細な振るえを三〇秒間計測した。すべての実験試行中、実験参加者には両手の人差し指の第二関節付近に加速度センサーを取りつけて指の振るえを計測した。人の身体は筋の自発的な活動、中枢神経系から筋への命令などにより生じる生理的振戦（physiological tremor）とよばれる微細な不随意的振るえが認められるが、この振るえが壁面からの距離が異なると変化するかどうかを調べた。
図3－14に歩行開始地点と停止地点における指の生理的振戦のパワースペクトルを示し

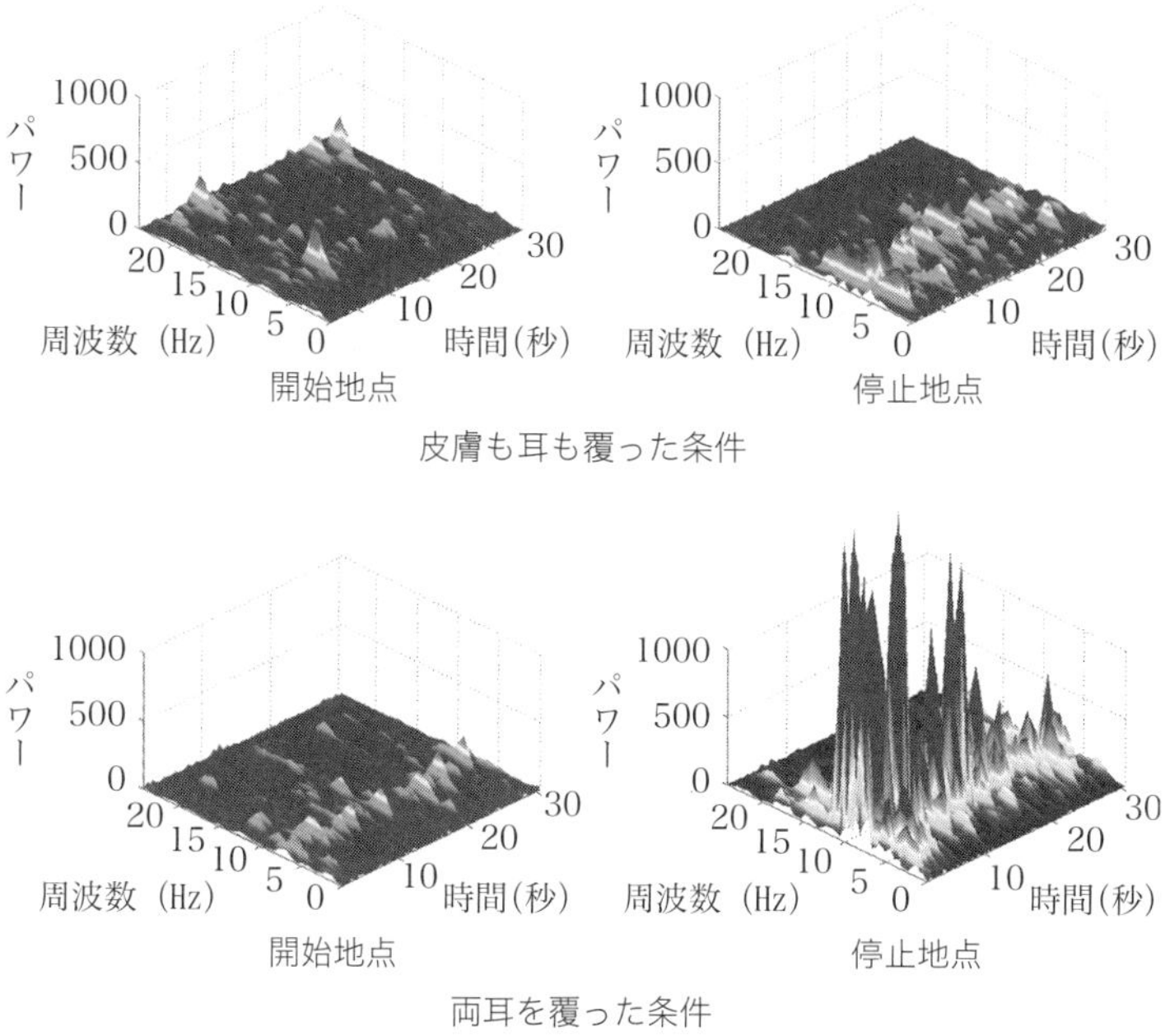

図3-14　歩行開始地点よりも停止地点のほうが指の振るえが大きくなる（左手の場合）（Ito, Inou, Sawada, & Mishima, 2011より改変）

た。これらを見ると、皮膚も耳も覆った条件では歩行開始地点と停止地点との生理的振戦のパワースペクトルには大きな差が見られない。ところが、両耳を覆った条件では、開始地点に比べて停止地点の生理的振戦のパワーが大きくなっていることがわかる。しかも図3-15に見られるように、壁面が左側にある場合には左手の生理的振戦のパワーが、右側にある場合には右手の生理的振戦のパワーが大きくなっていた。つまり、壁面に近接する側の指の生理的振

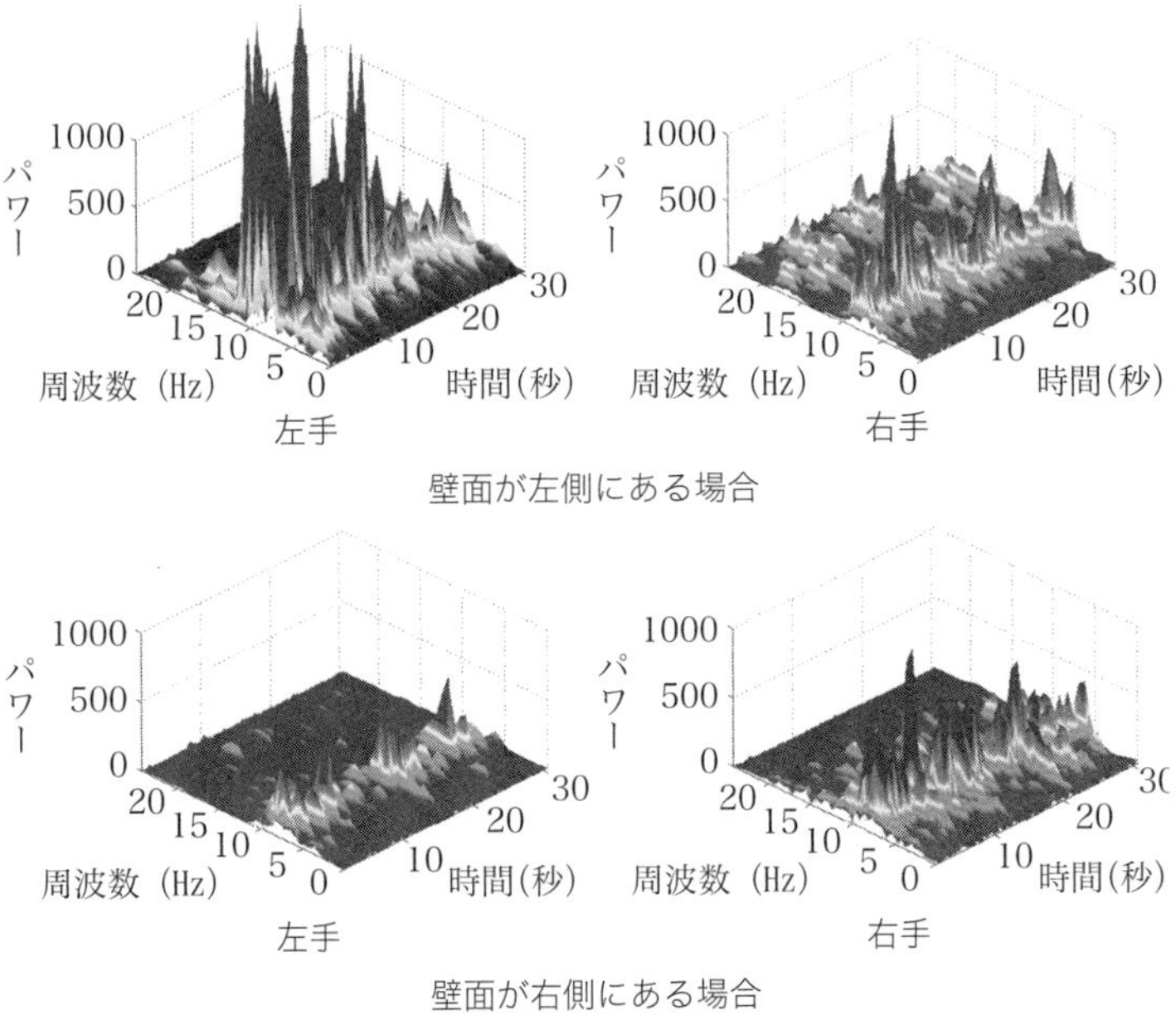

図3-15　同側に壁面があるほうが指の振るえが大きくなる（両耳を覆った条件）
(Ito, Inou, Sawada, & Mishima, 2011より改変)

戦が大きくなっていたのである。これらは、手指の生理的振戦パターンが壁面の有無に影響を受けていることを意味する。
　次に、私たちは身体の移動という自己受容感覚の手がかりが使えない状況を設定し、手指から物体までの距離を推定する実験を行った（Ito, Sawada, Mishima, Takiyama, & Kikuchi, 2015）。可聴音を遮断するために、実験参加者はイヤーマフ（両耳を覆うヘッドフォン型の耳栓）を装着し、物体の存在を音から判断できないようにした。そのうえで、手指は動かさずに固定したまま物体を動かすことで、手指と物体との距離を変化させた。実験参加者に物体までの距離が近いか遠いかを判断してもらったところ、物体がない場合と遠いところにある場合とでは混同が多いが、少なくとも、物体が近いか遠いかは、かなりの高い確率で正しく判断された。

この実験結果もまた、物体すなわち障害物の知覚が可聴音のみで実現しているわけではないことを示唆する。では、どのようにして障害物知覚が可能になっているのか。放射音と反射音の差（たとえば遅延時間など）と同様に、なんらかの二つの異なる振動の差を利用しているのではないかと私は考えている。

具体的な候補は、耳では感受することができないような周波数の空気の振動である。空気振動の源は、人を取り巻く場所の中にあるかもしれないが、その場所の条件に左右されずに有効なのはエコーロケーションと同様に、能動的探索を可能にするために自らが空気振動を引き起こすことであろう。そのために、手指の動きが大きくなる（Ito, Sawada, Mishima, Takiyama, & Kikuchi, 2015）。私たち（Ito, Inou, Sawada, & Mishima, 2011）の実験状況において、歩行開始地点では手指の生理的振戦に応じるような空気振動を周囲から感受できないために、手指の振動それ自体は変化がない。一方、壁面に近づくと手指の動きによって発生した微細な空気振動は壁面で跳ね返され、それが指に返ってくるのを感受する。すると、壁面を探知し続けようとして手指の生理的振戦がいっそう大きくなる。いわば、空気反射定位、「エアーエコーロケーション」ともよぶべき身体の微細な知覚と行為の循環が成立しているのではないだろうか。もちろん、歩行して壁面に接近していくのであるから、この循環には自己の歩行にともなう空気の振動（空気流動）も関与していることも考えられる。このミクロな知覚―行為循環における知覚の担い手は、聴覚ではなく振動知覚（触覚）と考えると、目の見えない人の多くが壁面の直近では「圧迫感」という触覚的経験をするというエピソードの根拠にもなりうる。

世界的なパンデミックの影響で二〇二〇年には、マスクの常時装着が当たり前になった。しかし、目の見えない人の中には、マスクを装着すると周囲がわからなくなると口にする人がいる。顔面の多くの部分をマスクで覆ってしまうと、周囲を知覚するための微細な空気振動（空気流動）を利用できなくなってしまうからということが私たちの実験で裏づけられた。

0章で、私自身の失明経験が聴覚的自己の再構成を促したのみならず、振動知覚的自己(vibrational self)の覚醒も促したと述べたが、まさにこの視覚的自己の裏側で環境における身体の定位(orientation)を潜在的に支えていた振動知覚的自己が顕在化した現象なのではないか。そしてそれは、健常な者であっても同様であるはずだ。つまり、自己の動き、自己の身体のふるまい、そして姿勢を、視覚によってのみ認識し制御していると意識の表層では思っていても、実はその根底では、聴覚・振動知覚的自己、あるいは自己受容感覚的自己が人知れず自己の存在を支えているのである。まるで自律神経系のように。
障害物知覚は、人が存在する場所の中にある物体同士の配置という環境を介した聴覚と触覚の重畳的な（註21）機能と身体のふるまいの循環によって成立するともいえる。そしてそれは、単純に音情報を利用した結果ではなく、空気（媒質）中を伝播する振動の中にあるその場所に関する情報もピックアップする知覚システムなのである。障害物知覚を掘り下げていくと、生態音響学に留まらず、「生態振動学」という新たな地平が見えてくる。さらにいうならば、生態学的自己論にも拡張することができよう。目の見えない人の障害物知覚という事実は、これらの学問領域の新たなる展開を促し、私たちに深い示唆を提供してくれるであろう。

註21　重畳（ちょうじょう　redundancy）とは、幾重にも重ね合わさること。

コラム3　目が見えない人は耳がいいって本当？

「目が見えない人は普通の人より耳がいい」といわれることが多い。多くの健常者は、全盲者は耳がいいと思っているらしい。この印象は果たして本当なのだろうか。そこで、目の見えない人が周囲を知るために実際に行っているノウハウの例を紹介しよう。

以前、目の見えない人が晴眼者とともに会合に出席した時のことだ。まず、参加者の挨拶から始まった。大勢が参加しているので会場は広い部屋だったこともあり、開始からマイクロフォンとスピーカーが使われていた。一人ずつ自己紹介がはじまると、ある目の見えない人が叫んだ。「すみません。まずはマイクを使わずに名前を名乗ってくれませんか」と。これがなぜだかわかるだろうか。

マイクロフォンに向かって話している人の声は、スピーカーの位置から会場に流されるので、目の見えない人は声がする方向、すなわちスピーカーの置いてある方向に顔を向けてしまう。しかし、マイクロフォンの位置がスピーカーの方向と一致しないことのほうが多いので、話し手の方向に顔を向けることができない。目の見えない人もまた晴眼者と同じように、話し手の方向に顔を向けて聴きたいのは当然であろう。

彼は、「誰がどこにいるか知りたいので、最初だけは肉声で話してください。そうすれば、その人の位置がわかりますので」と続けた。おそらく記憶力がよい人なのだろうと想像する。ただ、確かに目の見えない人に向かって、話す人の肉声がどちらの方向から聴こえたかが認識できれば、それ以後はたとえスピーカーからの声であっても、話しかけたい人の方向を向いて発言することが可能になるわけだ。

記憶力の問題もさることながら、音が聴こえた方向を正確に知覚し、そのような能力を実生活で生かしているという好例だろう。


目の見えない人の音源定位の技術は晴眼者よりも優れている

ライスら（Rice, 1967; Rice, Feinstein, & Schusterman, 1965）は半世紀も前の研究で、全盲者は音を出さない物体までの方向や距離、表面の材質までも言い当てることができたが、彼らの聴力は健常者よりも優れているわけではないと報告している。このことは、聴力検査で測定している耳の感度、つまり聴力については目が見えようが全盲であろうが差がないことを意味している。では、なぜ目が見えない人は耳がいいと思われているのだろうか。科学的な知見を紹介しながら考えてみよう。

音源定位とは、音源が上下、左右、前後など、どの方向にあるかを知覚することである。猫が真左で鳴いたとか、寺の鐘が右斜め前から聴こえたなど、音源の方向がわかることをさす。

実験室内で音源の方向を変化させ、その方向を推定する精度を全盲者と晴眼者とで比較した研究では、全盲者の音源定位は晴眼者よりも優れているという結果が報告されている(Ashmead, Wall, Ebinger, Eaton, Snook-Hill, & Yang, 1998; Colligon, Lassonde, & Lepore, 2009; Muchnik, Efrait, Nemeth, Malin, & Hildesheimer, 1991; Voss, Lassonde, Gougoux, Fortin, Guilemot, & Lepore, 2004)。

音源の方向を判断する手がかりは三つ考えられる。第一は、音波が両耳に到達するまでの時間差である。人の耳は頭部の左右にあり、二つの耳はおよそ一七センチメートル程度離れている。そのため、音源から発せられた音波がそれぞれの耳に到達するのに、わずかな時間差が生じる。音源が左にあれば、左耳に比べて右耳に音波が到達するまでの時間がわずかに遅れる。この遅延時間が音源の方向定位の最も重要な手がかりの一つとなる。ただし、音源にもよるが、周波数にしておよそ1・7㎑程度の音までが限界である。

第二は、両耳に到達する音の強さの差（両耳間強度差）である。音の強さが頭や体幹で遮られて減衰することによって、両耳に到達する音の強さに差が生まれる。真左にある音源からの音波は左耳には直接入ってくるが、右耳に入ってくるまでには、頭に遮られたり頭で回折されたりする。その結果、左右の耳に到達する音の強さは左耳に比べて右耳のほ

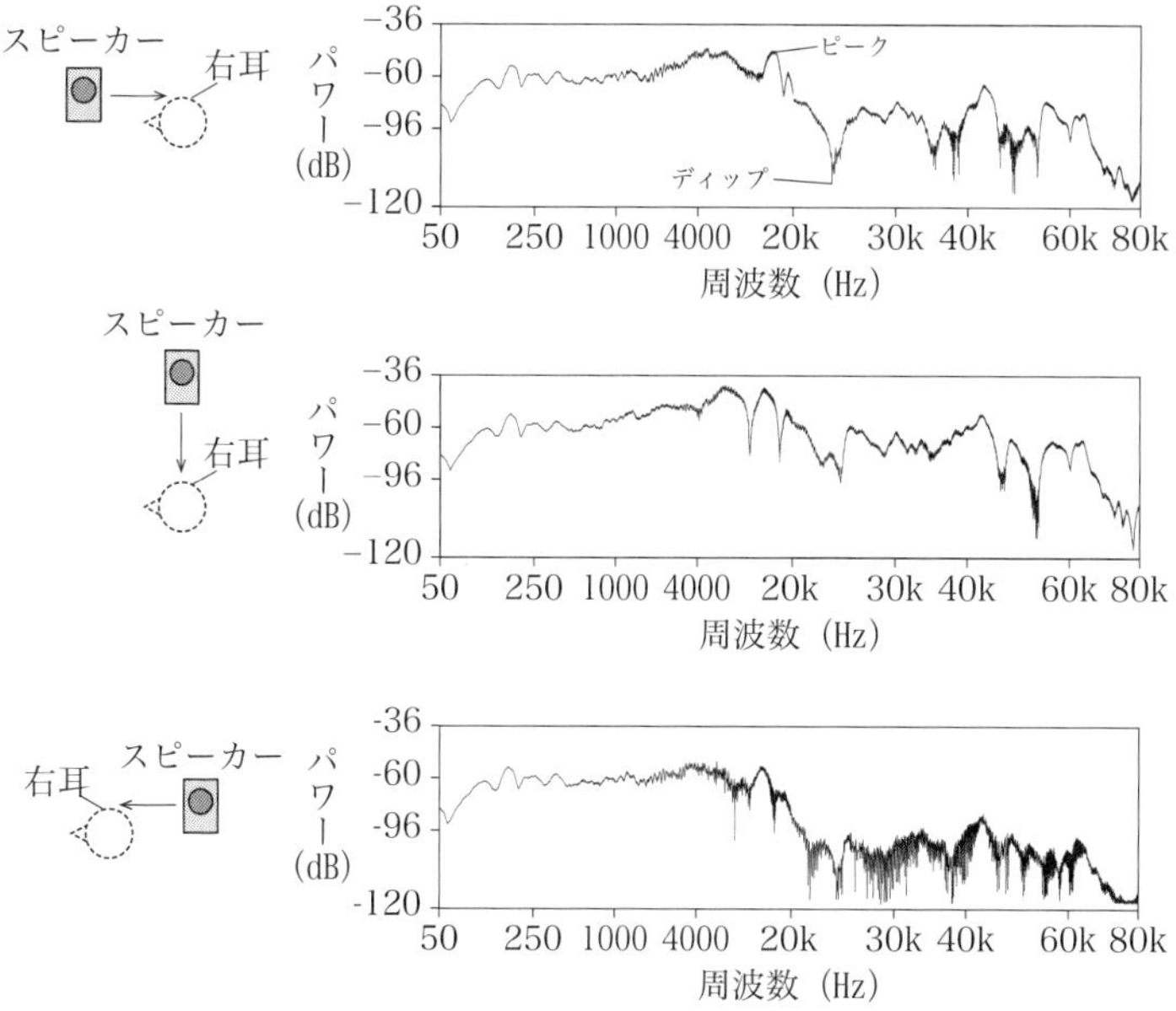

図3-16　音源の方向によってピークとディップが変化する

うが弱くなる。

第三は、音のパワースペクトル構造である。耳に到達した音は、直接外耳道に進入して鼓膜を振動させる以外に、外耳道を取り巻く耳介とよばれる部分に反射してから外耳道の中に入ってくる音もある。耳介は複雑な凹凸構造をしている。音源が存在している位置が異なると、外耳道や耳介と音源との角度が変化する。すると、音は、時に耳介によって遮られたり、時に耳介によって集められたりする。さらに、耳介の凹凸構造に複雑に反射してから鼓膜に向かうので、直接外耳道に進入する音に比べてわずかな時間の遅れが生まれる。その結果、外耳道付近での音のパワースペクトルに音源が存在する方向に特有のピークとディップが生まれる（図3-16）。これが音源定位の手がかりとなる。第一、第二の手がかりは、両耳を利用して得られるものだが、第三の手がかりは、単耳だけでも得ることができる。

目の見えない人の耳は老化しにくい

全盲者は晴眼者に比べて音情報のピックアップに優れているのだろうか。ニルソンら（Nilson & Schenkman, 2016）は二十代から七十代の全盲者と晴眼者を聴取者として、彼らの両耳間時間差の感度（両耳に到達する音波の時間差の最小値）と両耳間強度差の感度（両耳で聴取する音の強度差の最小値）を調べた。すると、どの世代の全盲者も同じ世代の晴眼者よりは両耳間時間差に鋭敏であるが、中高年の全盲者は二十代の晴眼者には及ばなかった。つまり、全盲者は同じ世代の晴眼者よりも音波が両耳に到達する時間の違いに鋭敏ではあるが、若い晴眼者には劣ってしまう。概して、両耳間時間差の感度は全盲者も晴眼者も老化する（Babkoff, Muchnik, Ben-David, Furst, Even-Zohar, & Hildesheimer, 2002; Frisina, 2009）が、全盲者は同じ世代の晴眼者よりもその感度が優れている。

ところが、両耳間強度差を同じように比較すると、時間差の感度とは異なる結果となった。全盲者はたとえ中高年であっても、若い晴眼者よりも両耳間強度差の感度が優れているという。つまり、全盲者は音の強さの違いにはきわめて鋭敏である。

この実験によると、全盲者の両耳間強度差の感度はほぼ０・７〜２・６dB程度であり、晴眼者の二〜四倍であったと報告されている。このように、わずかに異なる音の強度を識別できるということは、音源定位の第三の候補であるパワースペクトル上で現れる音のピークとディップの構造の違いにも鋭敏であることが想像されよう。全盲者はこれらの情報を晴眼者よりも巧みに利用して、周囲の「音の世界」を知覚しているのかもしれない。

音を聴いている時、目の見えない人の脳では何が起こっているのか

では、どうしてこのようなことが可能になるのか。音を処理する脳内機能についての研究が、その手がかりを教えてくれる。最近のfMRIなど、脳の活動を視覚化する技術の進歩により、音を聴取している際の中枢神経系の活動が明らかになってきている（Collignon, Dormal, Albouy, Vandewalle, Voss, Phillips, & Lepore, 2013）。この方法で全盲者と晴眼者が音源定位している時の脳活動を比較すると、全盲者の後頭部後頭葉に位置す

る視覚野が活性化していることが明らかになった（Gougoux, Zatorre, Lassonde, Voss, & Lepore, 2005）。一方、晴眼者には当然ながらそのような活性化は見られない。これは、先天性全盲者では音源を定位する際に、聴覚野のみならず、視覚野もともに働いていることを表している。可塑的な中枢神経系は視覚刺激が入力されてこなくなると、ほかの感覚刺激の処理を行うように働くのではないかと考えられる。

こう考えると、目が見えない人は聴力が優れているのではなく、音情報の利用の仕方が優れており、その神経基盤は脳の可塑性に由来するといえよう。先天的な特質ではなく、人がもつ柔軟な環境への適応戦略の結果、獲得した技術である。これを裏打ちするように、晴眼者であっても、あるいは後天性全盲者であっても、聴覚訓練により、先天性全盲者のように「耳がよくなる」ことを報告する研究も少なくない（Collignon, Voss, Lassonde, & Lepore, 2009）。

このコラムのタイトルである「目が見えない人は耳がいいって本当？」という問いに対する私の答えは、「目が見えない人は確かに耳がよい」である。ただし、そういった耳のよさは、聴力検査には決して現れるものではない、いわば「生活聴力」（伊藤・佐々木、二〇一〇）とよぶべき技能であるということをつけ加えておこう。

Ⅳ章

情報は音の中にある

私たちの日常生活で耳にする多くの音は、放射音である。放射音とは何らかの事象によって生まれる事象生成音であり、まずはこの事象生成音とは何かについて明らかにしていきたい。そして、具体例をあげて、それらの音から事象を識別したり特定したりするために利用可能な音情報について詳しく見ていこう。

1　周囲に満ちている事象由来の音

周囲の音を聴いてみよう

今この本を手に取っている読者には、周囲でどのような音が聴こえているだろうか、しばらく目を閉じて聴いてみてほしい。強い風が窓を揺らす音だろうか。雨の音だろうか。車が走る音だろうか。鳥や犬が鳴く声だろうか。人の足音だろうか。家の中ならば、冷蔵庫の音、テレビの音が聴こえているだろうか。台所からは肉を焼く音だろうか、野菜を刻む音だろうか。ぐつぐつと物が煮えている音も聴こえてくるだろうか。電子レンジの終了音だろうか。電車の中で読んでいる読者ならば、レールの上をガタンゴトンと走る車輪の音が響いているかもしれない。こうやって書いている私のデスクは部屋の奥にあるので、室外の音は聴こえず、比較的静かだ。静かゆえに、加湿器のファンの音、ポットからお湯を注ぐ音、そして、こうやって今キーボードを連打している音などが聴こえてくる。これらの数えられる音のほとんどが放射音である。Ⅲ章では反射音の聴こえを中心に包囲音について述べてみた。

次に、本章では放射音源から発せられる音の聴こえに注目し、周囲を知覚するのに利用可能な包囲音の構造（包囲音配列構造）をさらに掘り下げてみたい。

事象とは何か

前述した音の例をはじめ、放射音の源は事象である。では、事象とは何だろうか。とくに本書の背景となる生態心理学的な事象の意味について、まずは述べておこう。

そもそも事象とは『大辞林（第三版）』によると、「1（認識の対象としての）出来事や事柄。（2以下略）」である。いずれにしても、起きたことを意味し、なんらかの原因に引き続き生起した結果ということになる。

一方、本書で指し示している事象はある意味広義であるという点で、一般に使用される語義とは異なる。生態学的事象（ecological events）、あるいは単に事象（events）とは、大小の差にかかわらず何らかの変化である。それは物の変化、質の変化であり、まとめていうと物質の変化である。どのような変化なのか。ギブソン（Gibson, 1979, p.242　邦訳　一九八五、二五七頁）によると、事象は化学的、物理的（力学的）、生物物理的な変化である。どういうことかというと、事象それ自体が動植物の活動であることもあれば、無生物、自然環境全般にわたる変化ということもある。果実の成熟、木の葉が萌芽し茂りそして落葉すること、液体が沸騰したり物質が燃焼したりすること、複数の物質が混ざったり固まったりすることが事象である。つまり、物質の変化、場所間の変異、対象のなんらかの変化がその意味するところに入る。ここでいう物質（substances）とは、知覚する場所や対象を構成しているなんらかの性質をそなえた「物」である。物質は、気体、液体、弾性体、粘性体、固体などの順に、しだいにその状態の変形や破壊に対して抗う力が増し、塊状となっていく。物質は通常、その表面の色（表面色）（村田、二〇〇二）、物質表面の肌理（微細な凹凸）をそなえており、自然界における物質は自然が構成した合成物、あるいは混合物である。どのように合成されているか、どのような種類から混合されているかは知覚の問題の対象ではない。

事象はゆっくりと進行する場合もあれば、急激に進行する場合もある。きわめてミクロな水準で生じることもあれば、マクロな水準で生じることもある。しかしながら、天文学的な変化、物質を混合している分子以下のミクロな粒子の水準で起きる変化は本書で扱う事象ではない。強調しておきたいのは、ここで指し示している事象は、前述したいくつかの例のように、あくまで、自然界における動植物の営み、人の知覚の対象となる水準に限定されるということだ。

事象の特徴は次のようにまとめることができる。

特徴1　事象のパターンは一定の間隔で周期的に繰り返されることもあれば、一度かぎりの変化であることもある。
特徴2　変化の向きには動植物の加齢のように変えられない、すなわち後戻りできない変化である不可逆的事象と、場所を移動することのように回帰できる変化である可逆的事象との二種類がある。
特徴3　事象同士の関係は入れ子構造になっている。たとえば階段を跳ねながら転がり落ちるボールのように、下り階段を転がるという上位の事象にバウンドするという下位の事象が組み込まれているなどを想像してほしい。事象の生態学的入れ子構造、あるいは単に入れ子構造についてはコラム1の「入れ子」も参照されたい。波形の入れ子構造についてはⅢ章4のカラーレーションの節でもふれているのでそちらも参照されたい。

事象はどのようにして知覚されるのか

では、生じている事象はどのようにして知覚されるのか。ギブソンは著書の中で、事象は光学的配列中の情報により特定できると述べている。情報になりうる光学的配列とは何か。一言でいえば、それは光学的乱れである。

光学的乱れについて、前述したボールがバウンドしながら階段を落ちていくという事象を例に説明してみる。下り階段という景色が見えている。これは一時間前も一時間後もおそらく同じ景色として持続しているはずだ。ここにボールが転がり落ちるという見えが加わる。その見えは階段をバウンドしながら一段一段跳ねながら落ちていくという変化だ。一秒前のボールの位置と一秒後のボールの位置は異なる。これにより、ボールの動きが元となる見え方は変化していく。光学的乱れという観点からいい直すと、ボールの動きを投影した光学的変化が、下り階段の形状を投影した光学的持続を「乱す」ことになる。この光の乱れが、ボールが跳ねながら落ちていくという事象を特定する情報となる。この光情報をピックアップして人はボールがどのように階段を移動していくのかという事象を知覚する。

移ろいゆく四季は山々や森の彩りを変える。顕著なのが落葉樹の変化である。春になれば木々に新芽が萌芽し、夏になれば木の葉はいっそう緑を増し、やがて秋になると赤色や黄色となり、落葉に至る。そして、春になるとまた木々は若草色になる。このような四季を通じての変化ももちろん、生態学的事象である。

日常生活や自然界の中で見られる事象は光学的変化だけでなく、音や振動の変化もともなうことが多い。木々の見えが変化すれば木々の状態由来の音も変化する。真冬、葉をまったくつけていない木の枝が風によって揺れる音。春、小さく柔らかい木の葉をつけている時の木々が揺れる音。夏、うっそうとした木々が揺れる音。そして秋、紅葉し乾燥した葉をつけている時の木々が揺れる音は、それぞれ異なっている。とくにわかりやすいのは晩秋の梢が揺れる音だろうか。落葉寸前の広葉は赤色や黄色に色を変えるとともに乾燥していく。その木の葉が擦れたり揺すぶられたりして出る音は乾いた質感をともなった音になる。このように、事象の知覚に利用可能な情報は視覚のみならず聴覚や振動感覚など、ほかの感覚作用の配列中にも存在しうる。

事象生成音とは何か

本書で扱っている事象あるいは生態学的事象というのは知覚される対象の変化であることは先に述べた。どんな変化かといえば、物や動植物の動き、物質の変形、変色、崩壊、破裂、流動、蒸発などがそれらの例である。これらの変化は化学反応、力学的作用などにより導かれる。このように知覚者自らの場所の移動、物質のなんらかの変化など事象由来の放射音を、事象生成音（event-producing sound）とよぶ。

音とは聴こえという知覚的現象を生み出す媒質（ミーディアム）（佐々木、二〇二〇）の振動である。音が大きいとか、音が高いというような知覚的現象を生み出すのが音である。そのような音がどのような音源から発せられるかにより事象生成音の聴こえ方も異なる。たとえば、物が燃焼する、液体や気体が流れる、気泡が破裂する、固体が運動する、固体が固体に衝突する、擦れるなどが起きると、空気圧の変動、すなわち媒質の振動が起きる。ガーヴァー（Gaver, 1993　黄倉・筧訳、二〇〇一）が例示しているのは、⑴ドアを閉めること（接触、衝撃）、⑵黒板を爪で擦ること（摩擦）、⑶プールにしたたり落ちる水（気泡の振動、コラム4参照）、⑷電線をヒューヒューうならす風（渦、うなり）、⑸風船が割れること（破裂）、⑹音叉の振動（共鳴）などの事象である。日常生活の中でこれらに類似した音を発する事象は枚挙にいとまがないだろう。

事象により発生したエネルギーは、大気中では空気分子の運動エネルギーとなり、空気圧の粗密状態を生成した後、減衰していく。事象にはその始まりと終わりがある（Gibson, 1979　古崎・古崎・辻・村瀬訳、一九八五）のであるから、一般に事象生成音にもまた必ずその始まりと終わりがある。事象生成音の始まりは、元の一定の空気圧（音圧）から微細な気圧の上昇（すなわち音圧の上昇）が頂点に達するまでの音波の振幅勾配で、これが立ち上がり勾配（rise gradient）である。一方、頂点、すなわち最大音圧から振幅が減衰し、やがて元の一定の気圧（音圧）に戻る。これが立ち下がり勾配（decay gradient）である。数ミリ秒以下の急激な立ち上がり・立ち下がりから、一分を超える長い立ち上がり・立ち下がりまで多種多様の勾配が存在しうる。立ち上がりと立ち下がりの速さ、つまり、発散されるエネルギーの増大速度と減衰速度は物質の運動や化学変化の性質に依存する。

さらに、立ち上がり特性はその音の聴覚印象を左右し、立ち下がり特性はその音の音源の特徴のみならず、その事象が生起している場所を識別する音情報も聴取者に提供しうる。立ち上がりの速さの差異が音色の印象と関係していることは知られており（岩宮・山内・藤沢・小澤・小坂・高田、二〇一〇）、このことは立ち上がり部分がその源となる事象を特定する情報となることを意味している。一方、立ち下がり部分はその源のエネルギー減衰を反映するのみならず、事象がどのような場所内で生起しているかの情報も含む。立ち下がり部分の音圧の減衰には事象生成音そのものの減衰に加え、事象が生起している場所の残響特性が重畳しうる。いわゆる音の余韻は、事象が生起している場所の特性に応じて多様化する。たとえば、音がよく響き反響音が減衰しにくい場所内で事象が生起しているとすれば立ち下がり部分に強い残響が乗るであろうし、響かない場所であれば音源の振動そのものとなる。

Ⅱ章で紹介した歩行中の発話のように、目の見えない人の発話の中には「左側に改札があって」「換気口のような音が右側にします」「券売機かな」などが多い。これは聴こえてくる音の特徴からその音源が何かを特定した結果、発話されているといえる。一方、目隠しした晴眼者の発話を見てみると、「ピンポン」「ジャラジャラ音がする」など、音そのものを表現する擬音語が多い。これらの発話は単なる音そのものを指し示しているにすぎない。彼らの発話の中にはこれらの音の源についての言及はない。Ⅱ章で音そのものと音情報の違いについてふれたが、音情報を提供するのは事象生成音にほかならない。

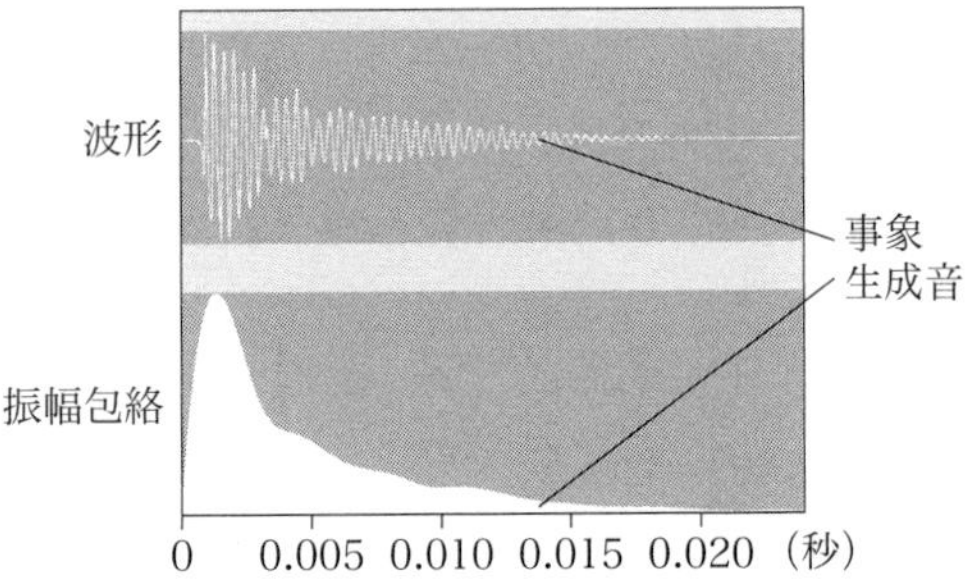

図4-1　一滴の水が水面に落下した音の波形と振幅包絡［音11］

上段は一滴の水が水面に落下して衝突した際の音の波形を白い線で示した。下段はこの波形に対応する振幅包絡で、白く塗りつぶした面で表した。これ以降、事象生成音の波形は白い線で、事象生成音の振幅包絡は白く塗りつぶした面で示す。

一滴の水が水面に衝突すると水滴が破裂し、一気に音が発せられる。この急激な変化が、波形と振幅包絡の最初の部分の急峻な勾配に示されている。そして、衝突後に音はゆっくりと消えていくが、これは、波形の振幅が小さくなっていくことや、振幅包絡の頂点からの勾配が緩やかであることによって表わされる。


ここで事象生成音の具体例を出そう。図4-1は、一滴の水滴が水面に落下した際の事象生成音である。この音を音11にアップロードしているので、ぜひ聴いてみてほしい。上段には時間経過に沿った波形の変化を、下段には波形に対応する振幅包絡（註22）が示してある。振幅包絡を見れば事象生成音の音の大きさの推移を把握することの助けになろう。図4-1の場合、急激な立ち上がり勾配なので、ごく短時間で音圧が最大になっていることがわかる。一方、立ち下がり勾配はなだらかであり、相対的にゆっくりと音の強さが減衰していく。

では、液体の落下によりどのようにして事象生成音が生まれるのであろうか。たった一滴の水であっても岩や地形の変化により、落下したり跳ね上がったり（跳水）してから水面に落下する。すると、水面は変形して、水中に向かってくぼみが形成される。しかし、そのくぼみはわずかな時間しか持続しない。ほどなくして水の表面張力により水面の開口部が閉じられる。すると、水中にわずかな空気のひとかたまりが残る。これが気泡である。最初は細長い空気のかたまりであるが、水圧と表面張力の作用により気泡は一瞬にして球形に変形する。液体中に閉じ込められた空気が気泡となる過程で、気泡の過渡的な振動が生じる。その振動は液体表面あるいは液体そのものを揺らす。気泡はまた、破裂時にも振動を引き起こすので、発生も破裂も気泡由来の音の源となる。これらが気泡による事象生成音の発生メカニズムである（詳細は田矢、二〇〇九を参照）。気泡由来の過渡的な振動の基本周波数（註23）はその気泡の半径に反比例することがわかっている。大きい気泡に比べて小さな気泡は基本周波数が高くなる。気泡の一瞬の事象生成音が集まって自然界の水の流れという事象生成音になる。潮騒、川の流れの音、雨滴衝突音、雨の音などの事象生成音は、たった一滴の跳水

註22　包絡線（エンベロープ　envelope）とは、波形の振幅値や周波数値を時間の経過に沿って結んだ線をいう。とくに、時々刻々と変化する振幅の値を結んだ線を振幅包絡線（amplitude envelope）とよぶ。本章では単に振幅包絡とよぶが同じ意味で用いている。
註23　複数の周波数からなる音波（複合音）のうち、最も低い周波数を基本周波数とよぶ。

や落水にともなう気泡のふるまいに由来する。

コラム4　水滴の音が生まれるメカニズムの新事実

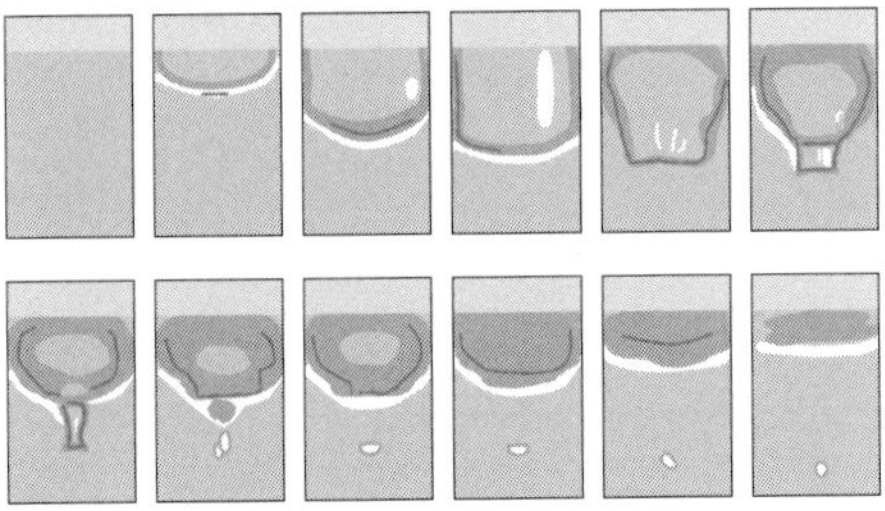

図4-2　水滴が落ちる様子（Philips, Agarwal, & Jordan, 2018より作図）

ガーバー（Gaver, 1993　黄倉・筧訳、二〇〇一）が例示していたプールに水滴が落ちる音や、水道の蛇口から水がしたたる音、雨漏りしている水滴が水面に落ちる音などは、「ぽちゃん」とか「ぽたっ」と擬音語で表現されるが、これまでは、水滴が水面に衝突し、気泡が振動することに起因すると考えられてきた。

ところが、落下する水滴と水面の衝突を最新の高速度カメラで観察したところ、この事象生成音の源は水面との衝撃によるものではないことが明らかになった。英国ケンブリッジ大学のアガルワル教授ら（Phillips, Agarwal, & Jordan, 2018）の研究によると、水滴が水面に落下し、その衝撃により水面が変形してくぼむ。その後、くぼみの下に気泡が生じ、その気泡がくぼみの周囲の水を振動させ、その結果、「ぽちゃん」という音になるという。高速度カメラとマイクロフォンを用いた解析によって、水滴が水面に衝突した瞬間は無音であり、数ミリ秒遅れて音が発生していることが明らかになった。

水滴が水たまりに当たる音をはじめ、水漏れや雨漏りが一滴一滴水面に落ちる音は日常で起こりがちな音である。このような身近な音の発生メカニズムが今ごろになって明らかになったというのも、おもしろい話である。

自然の神秘はつきることなく、科学的探求に終わりはない。


比較参考のため、事象生成音の強さが最大となる時間が長い場合の事象生成音の例も示す。自然音や人工音の多くはいわゆる雑音であるが、そのうち、代表的雑音であるホワイトノイズ（白色雑音）（註18）の波形と振幅包絡を図4-3に示す（音07）。振幅包絡を見るとわかるように、音圧の大小はなく、最大音圧が二秒ほど持続していることがわかる。これら二つの事象生成音のように、私たちの周囲に存在する音は、最大音圧が一瞬で立ち上がり立ち下がるような音（過渡音）と、最大音圧の定常状態が一定時間持続する音（定常音）に分けることができるだろう。ただし、定常音といえども事象生成音にほかならないのであるか

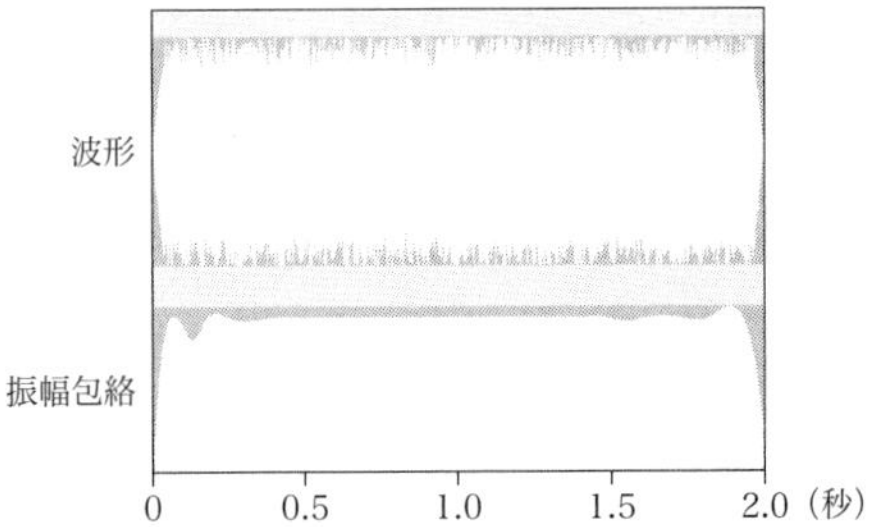

図4-3　ホワイトノイズの波形と振幅包絡［音07］

ら、必ずその音の始まりと終わりはある。だから、過渡音と定常音という事象由来の音の違いは継起する事象の長さの違いに過ぎない。音を発する事象の持続がきわめて短ければ過渡音的となり、事象がより長く持続すればそれは定常音的となるだけのことだ。

ここまで具体例を出しながら事象生成音について述べてきた。次節では日常生活でよく耳にする事象生成音を取り上げながら、それらの音から事象を識別したり特定したりするために利用可能な音情報について見ていくことにしよう。

2　日常生活の中にある事象生成音の知覚

割れることと跳ね返ることを音から知る

ここからは日常生活における事象生成音の知覚についてさまざまな例を引きながら、それを可能にしている知覚情報について見ていくことにしよう。

飲食店で誰もが経験していると思う。おいしく飲み食いしていると、突然歓談の音を突き破る激しい音が鳴り響く。「ガシャン！」。それに続いて「すみませんでした」という店員の謝罪する声がする。食器やグラスを床に落として割れる音だ。あるいは、「カーン！　ガラガラ」というビンが床に転がる音が聴こえてくることもある。

飲食をしていても私たちはこれらの音から即座に、落下した物体が破砕したのか否か、転がったのか否かが一聴しただけでわかる。このような知覚を可能にしているのは事象生成音の音構造だ。グラスがなんらかの外力により床面に落下する。グラスと床面とで衝撃が起きる。衝撃の結果、落下したグラスに変形が生じる。この変形する力に物体が耐えられないとグラスは破砕する。破砕の仕方は多様で、グラスは粉々になるかもしれないし、いくつかの小片に分かれるかもしれない。グラスの強度が変形に耐えられれば、反作用としてグラスは床面から跳ね返る。「衝撃」の強度および破砕の程度は運動エネルギー、グラスの特性（強度）、床面の硬さなどに依存する。つまり、破砕や跳ね返りの状態に対応して音が生起する。

では、これらの音はどのような特徴を示すのだろうか。ビンが破砕する音、ビンが跳ね返る音、それぞれを周波数解析した。図4-4に、ビンが破砕する音のサウンドスペクトログラム、波形、振幅包絡（音12）、図4-5に、ビンが跳ね返る音のサウンドスペクトログラム、波形、振幅包絡（音13）を示す。サウンドスペクトログラムにおいては、黒色が濃いほど音響パワーが強いことを示す。両者を比較すると一見して音のパターンが異なることが見てとれる。
　ビンが破砕する音の場合、ビンが床面に接触した瞬間に音の振幅が急峻に立ち上がり、短時間でその音圧が最も高くなる。音のパワーが最大になった後、小片に分裂するのに対応する音の増大が見られるが、その後は急激な立ち下がり勾配になっている。サウンドスペクトログラムを見ると、音が発生した瞬間の周波数の範囲はおよそ１００Hz～20kHzあまりの広帯域にわたる。

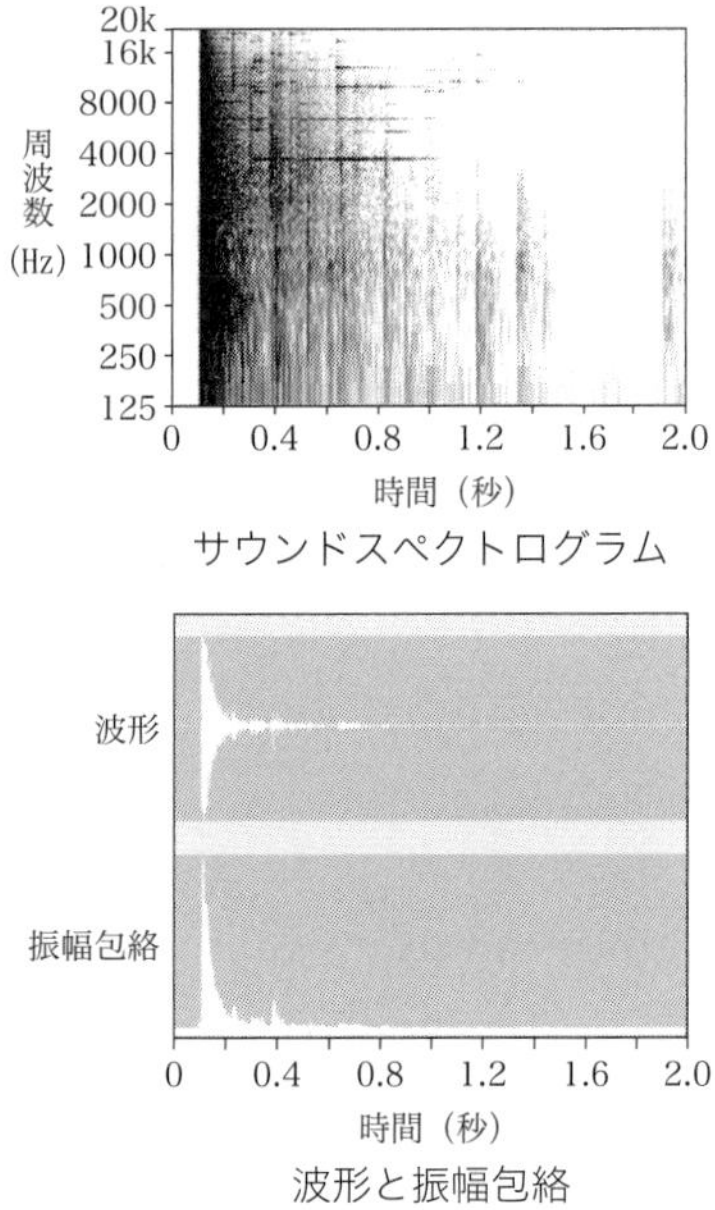

図4-4　ビンが破砕する音の周波数解析［音12］

　一方、ビンが跳ね返る音の場合を見ると、ビンが床面に接触して五回跳ね返っていることがわかる。振幅包絡からわかるように、五回の跳ね返りは、一回目の音のパワーが最も大きく、二回目以降は徐々に小さくなる。最初の跳ね返り音に相当す

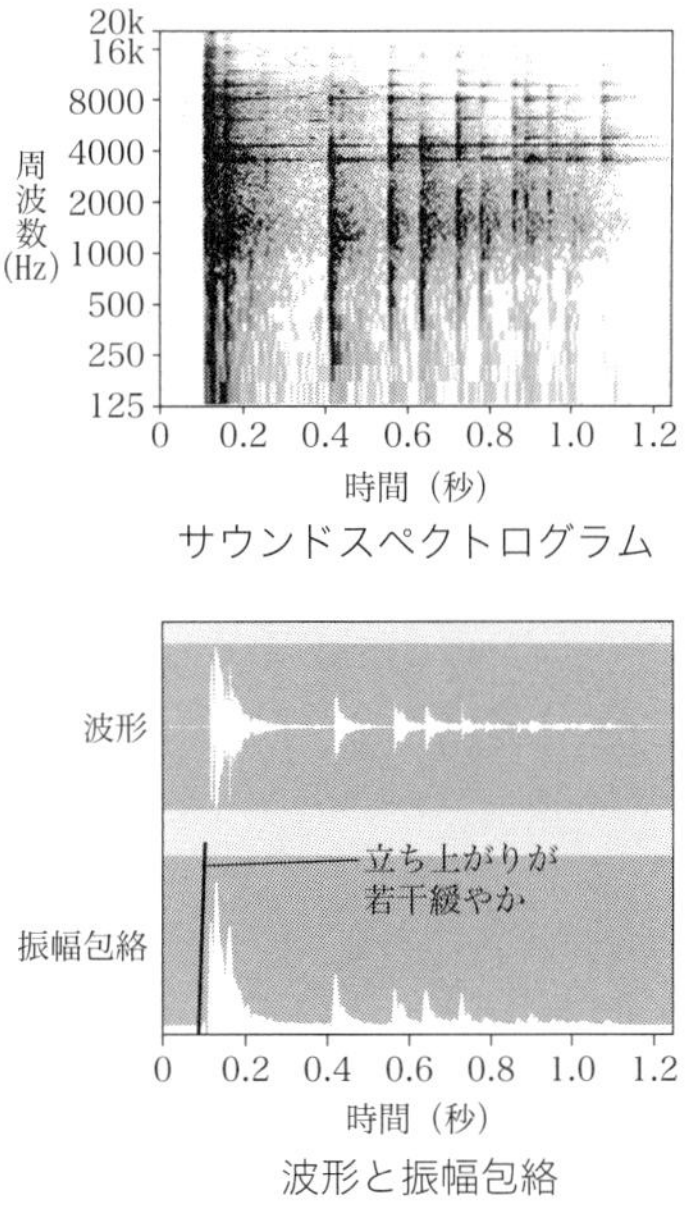

図4-5　ビンが跳ね返る音の周波数解析［音13］

る振幅包絡を見るとわかるように、個々の跳ね返り音は、急峻な立ち上がりと立ち下がりをもち、各々は三つのピークから構成されている。継起している五つの跳ね返り音の「隙間」は徐々に短くなっていき、最後の跳ね返り後は残響で占められている。

振幅包絡を見ると、立ち上がり勾配は破砕音に比べて若干緩いような印象をもつが、それでもかなり急峻に音が放出されていることがわかる。破砕音には小片に分かれる際に生じる付帯音があるが、跳ね返り音には含まれていない。それぞれのサウンドスペクトログラムを見ると、破砕音に比べて跳ね返り音の周波数範囲は狭い。最大でも15kHz付近である。さらに破砕音と異なるもう一つの点は、４０００～８０００Hzの付近にある連続した四本の横線に見られるように、事象の継続時間を通じて持続している音が含まれていることだ。しかし、これらは定常音ではなく、ビンの跳ね返りという事象と呼応するかのように強弱を含んでいる。このことから推測すると、これらの横線で示されている音はビンが床面に接触した際に生じるビン内の残響、共鳴と思われる。

ビンの破砕と跳ね返りという事象がもたらす音だけでもこれだけ特徴が異なるのであるから、発せられた音を聴くだけで、たとえそれらを見なくても、その源となる事象を識別することができるのではないだろうか。ウォーレンら（Warren & Verbrugge, 1984）はそれを確かめる実験を行った。実験参加者にビンが破砕する音と跳ね返る音をそれぞれ聴取してもらい、それがどちらの事象かを答えてもらった。すると、破砕では九八・五パーセント、跳ね返りでは九九・三パーセントの高い正答率であった。音を聴いただけでその源となる事象を特定できることが確かめられた。さらに、それぞれの音の立ち上がり部分を取り除き、減衰音（立ち下がり部分）のみを聴取してもらう実験でも、破砕音では九六・〇パーセント、跳ね返り音では九九・八パーセントと、こちらも高い正答率となった。このように、音の減衰という事象生成音のごく一部を聴取するだけであっても、その事象を正確に識別できることが明らかになった。これは、事象生成音の最も顕著な特徴を含む立ち上がり部分を除去したとしても、立ち下がり部分を含む音構造さえ維持されていれば音源を特定できることを意味する。ウォーレンらの研究は聴覚に対する生態学的アプローチの実証的研究の端緒となった。この意味で、彼らの研究の意義は大きい。

容器を満たす水の音でわかること

テレビのＣＭでグラスにビールやウイスキーを注ぐ音が流れることがある。「ドックドクドクシュワー」というビールを注ぐ音、「トクトクトク」とウイスキーを注ぐ音が流れると、つい飲みたくなる。酒好きの人がほろ酔いになると、銚子から猪口に日本酒を注ぐ時に、「トクトクトク」と擬音語を口にしながら注いだりする。

考えてみると、ビールやウイスキーをビンからグラスに注ぎ込む時には音がよく聴こえるが、日本酒を銚子から猪口に注ぐ時にはあまり音がしない。音がしないと実は目の見えない人には不便なことがある。猪口にどのくらい酒が入ったかがわかりにくいからだ。

日常生活を改めて振り返ってみると、湯のみ茶碗に茶を注ぐ、ワイングラスにワインを注ぐ、やかんや鍋に水をためる、バスタブに湯をためるなどなど、液体を容器に注いであふれさせないようにするという行為は日常茶飯事である。これらを行うにはたいていの場合、視覚的な手がかりを使う。だが、目の見えない人にはそれができない。ではどうするか。

私は失明して半年後、盲学校に復帰した頃、自立訓練の一環としてやかんからコップに湯を注ぐ練習をした。指導される際、まず、第一に「音をよく聴くこと」、第二に容器をもった際の重さの変化と容器の表面を触った際の温度の変化を手がかりにするようにと教えられた。しかし、「音をよく聴くこと」とはいったいどういうことなのか、当時はさっぱり理解することができなかった。なぜなら、音をどのように聴けばよいのか、そのコツを教えてもらえなかったからだ。

湯を注ぐ練習は、目が見えなくても湯を注ぐことができるという安心感にはつながったが、実はあまり実用的ではなかった。第一に容器の種類、たとえば、陶器、ガラス、プラスチックなどにより重さが異なるので、同じ材質、同じサイズの容器でなければ容器の重さがわからない。ゆえに、重さは内容量の絶対的な手がかりにはなりにくいからである。

第二に、容器の種類により熱伝導の特性が異なるし、そもそも注ぐ液体の温度もさまざまである。沸騰した湯もあれば、ぬるま湯、冷水もある。そうすると、温度もまた、絶対的な手がかりにはなりにくい。重さ感覚、温度感覚は決まりきった容器を利用して、常に一定の温度の液体を注ぐのであれば手がかりになりうるが、状況によって温度がさまざまに変化する液体を多種多様な容器に注ぐとなると、これらはあてにならない。さらに、「指を容器に入れるな」という強い指導があったので、液体面を直接触るという方法も使えない。ある全盲の教員から自立訓練指導を受けていた当時、「指を容器に入れないとお茶を注げないのであれば、自立どころか結婚もできない」と厳しい口調で諭されたことが強く心に残っている。心理・社会的な「視覚障害者という自己」の確立という意味合いがあるのか、それとも全盲者のプライドなのか、はたまた叱咤激励というだけの言葉のあや程度なのか、今となっては知るよしもないが。
それでは、容器に茶をどのようにして注げばよいのか。残された手がかりの有力候補は音だ。ビン、やかん、急須から液体を容器に注ぎ込み、容器からあふれないように止めるにはどうしたらよいか。目の見えない人に指導する手引きがあるので紹介する。

お茶、その他液体のつぎ方
お茶などの液体を安全、確実に適量注ぐ技術は、日常的に行う機会が多い操作である。（中略）音や質量の変化、時間の経過、水や湯が注出される感覚、熱の伝わり方などの手がかりを総合して適量を判断できるようになるためには反復指導が効果的である。（中略）
内容（中略）
①音の変化は口の小さな丈の高いグラスや魔法びんなどで有効である。指導者がグラスに水を適量注ぎ、その時の音の変化を聞かせ、次に音のみで適量を判断させる。（後略）
視覚障害者調理指導研究会編『視覚障害者の調理指導』社会福祉法人視覚障害者支援総合センター、一九八一年、三四頁

音をよく聴いていると、液体が容器にたまっていくにつれて、音の高さが上昇していく。そして、液体が容器からあふれると、音の高さの上昇が止まる。この音の高さの変化のパターンを利用すれば、容器にたまっていく液体面の上昇と、容器の縁から液体面までの距離を推定できるはずである。このテーマに取り組んだのがケーブとピッテンジャー（Cabe & Pittenger, 2000）であった。彼らは、巧みな実験装置を用いて、液体面の上昇にともなう音の高さ（正確には容器が空気で満たされている部分の基本共鳴周波数）の上昇が、容器にたまっていく水位を正確に判断するための手がかりになりえることを示した（註24）。

容器の中に液体が注がれると、容器を満たしていた空気と液体が入れ替わる。液体が容器の底面あるいは液面に接触すると、液面の変形と水滴の跳ね上がりが起こり、気泡が発生し破裂する。気泡の発生と破裂、液体の振動が、容器に液体がたまっていく時の音の源となる。この振動が容器内の空気に伝播し、空気が占めている部分に相当する容器を共鳴させる。これがある時点における共鳴音である。

液体が増えていくにつれて連続的に基本共鳴周波数とその倍音成分が上昇する。変化が止まるのは液面が容器の縁に到達した時点である。容器や液体表面に液体が接触して気泡の振動が起きるためには、液体表面の変形が起きるように勢いよく液体が注がれる必要がある。さらに、容器の容積がある程度大きくないと、共鳴音も小さく音の高さの変化も少ない。ゆえに、猪口や浅い茶碗に酒や茶をあふれさせないように注ぐのは、目の見えない人にとって「至難の業」なのである。

このような場合の解決策は、急須と茶碗、やかんと容器との距離をあまり近づけすぎずに、高い位置からできるだけ勢いよく液体を注ぎ込むことである。液体をあふれさせずに注ぎやすい容器は、マグカップのように、ある程度の直径と高さがある円筒形がよい（図４-６）（音14）。慣れないうちは、液体が器からあっという間にあふれ出してしまうが、意外とうまくいくことも多い。ただし、これには、音を聴きながら液体を注ぐという学習が不可欠であることは想像に難くないだろう。うまくできるようになるまでには少なからぬ犠牲（つまり、テーブルが洪水になる大災害）も払うことがあるかもしれ

図4-6　容器に液体を注ぐ[音14]

注24　これを公式化すると次のようになる。

$$FRF = \frac{c}{4\ (l + 0.62\,r)}$$

FRFは基本共鳴周波数（Hz）、cは音速（340m/s）、lは容器の縁から液体面までの距離（m）、rは容器の半径（m）である。

ない。したがって、挑戦してみたい読者には、くれぐれも熱湯や酒やジュースなど、やけどやこぼれた時の後始末がたいへんな液体を使わないほうがよいことをアドバイスしておこう。いずれにせよ、音は液体を注ぎ込む時の手がかりとなりうるのである。

私もケーブらの実験に触発されて類似した実験を行ってみた。共鳴周波数の変化だけで水面の高さを判断できるかを確かめるためであった（伊藤、二〇〇六）。まず、半径が二センチメートル、三センチメートル、五センチメートルのガラス製ビーカーに水を等速で注ぎ込み、水が容器にたまっていく音を録音した〈音15〈半径2㎝〉、音16〈半径3㎝〉〉。さらに、図4-7に示した基本共鳴周波数の変化の理論値をもとに、これらの音を擬似的に生成した。実際に録音した音と擬似的に生成した音を実験参加者に聴いてもらい、それぞれの音が満水までたまった音なのか、容器の半ば（中水）までたまった音なのかを判断してもらった。どの音も聴こえている時間は同じであった。

表4-1は、実際に録音した三種類の容器の音

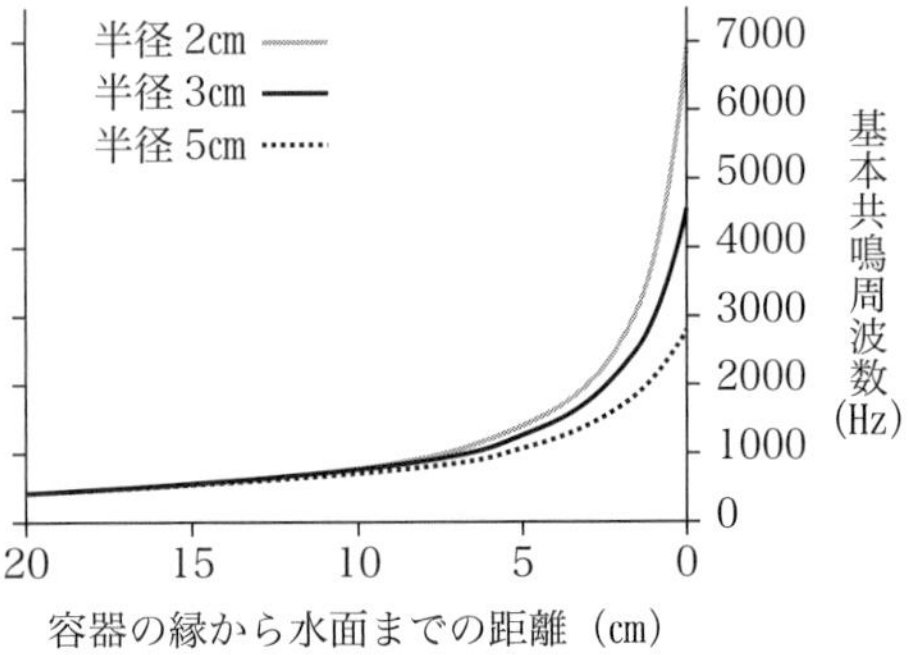

図4-7　公式から導かれる基本共鳴周波数の変化パターン：半径2㎝［音15］、半径3㎝［音16］（伊藤，2006より改変）

表4-1　実録音と擬似生成音の中水と満水の正答率（%）（n=24）（伊藤，2006より改変）

	実録音	擬似生成音
中水　平均値	79.2	76.3
中水　標準偏差	(4.31)	(6.63)
満水　平均値	70.0	72.5
満水　標準偏差	(5.92)	(4.48)

（実録音）と、それらを擬似的に生成した三種類の容器の音（擬似生成音）の中水、満水の正答率の平均値である。実際の音でも、擬似的に生成した音でも、同じように高い正答率であることがわかる。

このように、人は音だけを頼りにして容器に液体が満たされていくという事象を、かなりの高い正確さで知覚することができる。しかも、満水だけでなく、容器の半ばまで液面が上昇したということも識別できる。実際に録音した音には基本共鳴周波数だけではなく、気泡の発生と破裂音なども含まれているが、擬似生成音にはそれらが含まれてはいない。つまり、音情報として重要なのは、連続的な変化の量から構成されている音の高さの変化パターンであることがわかる。先に、容器に湯を注ぐ訓練の中で「音をよく聴く」ように指導されたと述べた。これらの実験からわかるように、「音をよく聴く」とはまさに音の変化に注意を傾けるということだったのである。しかもこれは目の見える見えないにかかわらず、訓練により獲得される知覚の技能であり、目の見えない人が有する特殊な能力ではないことを理解してほしい。

ビンが割れたことと跳ね返ったことを識別すること、容器にたまっていく液体の量を識別すること、これらの例は、日常的に起こりそうな事象生成音の知覚である。さらに二つ目の例の場合は、容器に液体がたまっていく際の共鳴音の変化を聴いていれば、満水、あるいは液体があふれるまでに残された時間を予期することもできるはずである。

調理の中の音

日常の音の代表例として調理にまつわる音について取り上げよう。レストランの店員が「ジュー」という音を出しているステーキをテーブルに運んでくると、思わずつばをゴクンと飲んでしまう。ジュージューと鉄板の上で音を出している肉は、実においしそうに思える。また、グツグツ煮えている鍋の音は、煮物がおいしそうに煮込まれていることを想像させる。I章でも述べたように、茶釜の湯の煮えの音がよく鳴っていると、「おいしいお抹茶がいただけそうだ」という気分になるのと同様に、調理中に出てくるさまざまな音は、快適に料理を食べられ至福の時がくることを暗示する。

食事を摂るという日常行為においてこの幸福感の予期と快感の経験はたいへん重要である。なぜならば、食物を安全に摂取することは、人という動物が生命を維持するために必須なことであるからだ。快適に心地よく食事をする時、だれもが幸せな顔になることからも想像できるであろう。

一方、料理を作る側からすると、調理を成功させるためには、いわゆる「五感」を総動員させなければならない。調理は高度に組織化された認知・行動課題である。なぜならば、人は調理をする時、まずは段取りをし、それを実行するために保有する感覚をすべて最大限に活用しなければならないからである。視覚、触覚、嗅覚、味覚は想像に難くない。さらに自覚的にせよ無自覚的にせよ、調理を遂行する際に、聴覚、すなわち音も利用している。

東京の、とある天ぷら職人に天ぷらを揚げるコツを訊いてみたことがある。ある人は、揚げ音がだんだん高くなり、その音がちょっと低くなった頃が油から具材を取り出すタイミングだという。また別の職人の話では、揚げ音の変化、泡立ち、そして、箸から伝わる振動が変化したことなどが手がかりとなるそうだ。この職人は、自身専用の金属製の菜箸を、もう何十年も使い続けている。耳や目からの情報だけでなく、手に伝わる振動も手がかりにしているところは、あらゆる感覚を活用して調理を行うことを示しているといえよう。そして、音と振動を同時に感じ、調理に利用しているという逸話は0章およびⅢ章でふれた「振動知覚的自己」が確たるものであることをも示している。

プロの調理人にかぎらず、私たちもまた日常生活において調理をする際にその過程で発生する音を利用することは多い。鍋の湯が沸騰しているか、煮物の汁が吹きこぼれたか、そして唐揚げや天ぷらが食べ頃に揚がったかなどの判断である。湯の沸騰、煮物の状態、炒め物、そして揚げ物などにおいて、調理音の変化は主にせよ補助的にせよ、日常生活における調理遂行に利用可能な音情報になりうる。

ところで、目の見えない人は視覚的手がかりが利用できないため、残存するほかの感覚からの情報を巧みに利用して調理を遂行することが求められる。調理の中でも揚げ物は彼らにとっては危険がともない、なかなか行いづらい難題であるということが伝えられている。しかし、目の見えない人の中には揚げ物を行う者もいることは確かであり、逸話から、彼らは音をうまく利用していることが推測される。目が見えない主婦から天ぷらや揚げ物をよくするという話を聞いたことがある。私は不器用なので問題外であるが、視覚的手がかりを頼りにしなくても油を多く使う揚げ物ができるのだから脱帽である。

揚げ物の場合、熱せられた油の中の具材を直接手で触るわけにはいかないのだから、使える手がかりは調理にともなう音や匂いの変化であることに間違いない。料理研究家でもあり広島女学院大学の教員であった熊田ムメ（北大路魯山人の妻）は、すでに六十年以上も前に、揚げ物をする際に音を利用することを推奨していた。

揚げ物
揚げ物をする場合適温を知るには、発煙の状態にも依る。しかし発煙は油の種類や新古、つかい古し等によつて温度も状態も同じではないから、これにのみたよるのは心許ない。塩を少しちらしてその音による判断の練習は適温を知るのに便利である。これは塩にふくんでいる水が蒸発する速度によつて発する音のちがいを聞きわけるのであるから荒塩がよい。食卓塩は水分が少くて音の出がハッキリしない。温度が高ければ、一時に蒸発するから大きい爆破のような音がする。また音のする場所や音によつても油の適切さ（温度のみではない）を知ることができる。底の方でヂュルンというのは、火力を強める方がよい。又音をききわけていると、油によつて相違することが判り、揚油の適度さ、つまり純度をも理解することができる。熊田ムメ「音感による調理の指導」『広島女学院大学論集』四（二）、一九五五年、四九頁

これは健常者のための手引きであるが、実は、目が見えない人のための調理指導に関する手引き書はかなり以前に出版されていた。『視覚障害者の調理指導』という指導書で、調理における音の利用方法について詳述されている。この指導書によると、とくに揚げ物の調理においては音を利用することを推奨し、油の適温を知るために音の識別訓練が有用であるこ

とを強調している。

適温の判断
（中略）
塩または湿ったパン粉、天ぷらの衣などを油の中に入れたときの音の高さと、音が発するまでの時間で判断する方法か、菜箸を湿らせて（水気はとっておく）油の中に入れたときの音で判断する。
低音のとき、１４０〜１５０℃のとき、１８０℃のときと3段階の音を聞かせてその違いを理解させる。次に油を加えて温度を下げて再び同様の方法をくり返し、訓練生自身に温度を判断させ、何度くらいかを言い当てさせる。適温の判断が確実にできるようになるまでくり返す。
（中略）
揚げ加減の判断
揚げあがりの判断は時間の経過と、油のはねる音の変化、菜箸の感触（油に材料が浮き上がった軽い感じの硬さ）で行う。材料を入れた後の音の変化を十分に観察させて揚がり加減の判断ができるように指導する。油の音が小さく細かくなる。その後再び大きな音がし始めたときは、揚がり過ぎて材料の水分がでてきた証拠であるので、そのときは素早く消火し、材料をとりださなければならない。視覚障害者調理指導研究会編「揚げもの」『視覚障害者の調理指導』社会福祉法人視覚障害者支援総合センター、一九八一年、九一頁

要するに、揚げ上がりの判断は、①時間の経過、②油のはねる音の変化、③菜箸から伝わる具材の触感の変化が重要であると指摘している。この中で音を利用する際には、材料を油の中に投入してからの音の変化に着目させると述べている。音を利用して揚げ物を行うためには、油の温度に対応する油のはねる音を繰り返し聴き取り、その音を記憶すること、材料を油に入れてからの音の変化を聴き分けられるようになることが重要であるとこの指導書の著者らは主張している。

とくに、油の音が小さくなり細かくなることが揚げ物のできあがりとなること、すなわち食べる頃合いであることを指摘している。ただ、よく考えてみると、これはそれほどやさしいことではない。一口に音が小さくなるといっても、油に投入する具材の量、油の温度などに応じて揚げはじめの音の大きさはそもそも異なる。その音がどのくらい小さくなったか、細かくなったかを聴き分けるコツは前述の調理の指導書からだけでは伝わりにくい。音の大きさは常に一定ではなく、火力の状態により変化する。さらに、揚げ上がりまでの時間は、

火力の強さ、油の温度、具材の量や温度などにより変化する。とくに、油の音が小さく細かくなるという音の大きさや「粒度」の変化は状況により変化しやすく絶対的基準にはなりにくい。このように「手がかり」としてあげられることは、「言うは易し行うは難し」にあてはまることばかりである。ゆえに、目の見えない人がなぜ揚げ物調理を躊躇するのかがおわかりいただけるであろう。

鶏の唐揚げの調理音

では、実際に揚げ音は揚げ上がりの判断の手がかりになるのだろうか。伊藤・木村（二〇一〇）は家庭で揚げ物をするという晴眼者の主婦に、音を頼りに鶏の唐揚げが食べ頃に揚がったかどうかを判断（食べ頃判断）してもらう実験を行った。実験では、フライパンに常温の油を入れ、そこに衣をつけた鶏肉を並べてから火をつけ、約十二分間加熱するという土井善晴氏のレシピを用いた（土井、二〇一二）。何度か揚げてもらったが、実験参加者による揚げ上がり、つまり食べ頃判断は一貫していた。参加者に訊いてみると、揚げ音が「ぱちぱち」という音になったから、そろそろできあがりだと思ったという。どうも、調理中に聴こえる音を食べ頃判断の手がかりにしているようだ。

そこで、油に鶏肉を投入してから唐揚げが揚げ上がったと判断されるまでの油が爆《は》ぜる音

（爆ぜ音）を録音し、周波数解析した。録音された揚げ音の大きさの推移から、調理過程は次の三段階に分類できた。

第一段階は、着火してから爆ぜ音がまばらに出現しはじめるまでの段階である。爆ぜ音の出現は、常温の油が加熱されることによって具材の中の水が気化しはじめることに起因すると考えられる。この段階の油の温度は八〇度で、具材が揚げ上がる温度には十分に達しておらず、音も小さい。この段階を「爆ぜ音萌芽期」とよぶことにした。

第二段階は、爆ぜ音の出現が不規則で、その頻度が多い段階である。油がさらに加熱されることにより次々と水分が爆ぜ、油が具材に急速に浸透していく。具材と油の関係が急激に変動している段階であると考えられる。この段階の油の温度は一一一度で、音が大きかった。この段階を「爆ぜ音全盛期」とよぶことにした。

第三段階は、爆ぜ音が規則的に安定して出現する段階である。これは、具材が揚がり、比較的内側の水分が爆ぜている状態で、油と具材との関係がいわば定常状態となったことに起因すると考えられる。この段階での油の温度は一二三度で、第二段階と大差はなかったが、相対的に音は小さくなった。この段階に至ると具材の揚げ上がりを判断する頃となる。この段階を「爆ぜ音沈静期」とよぶことにした。

図4-8に三段階の爆ぜ音のサウンドスペクトログラムを示す。aが爆ぜ音萌芽期（音

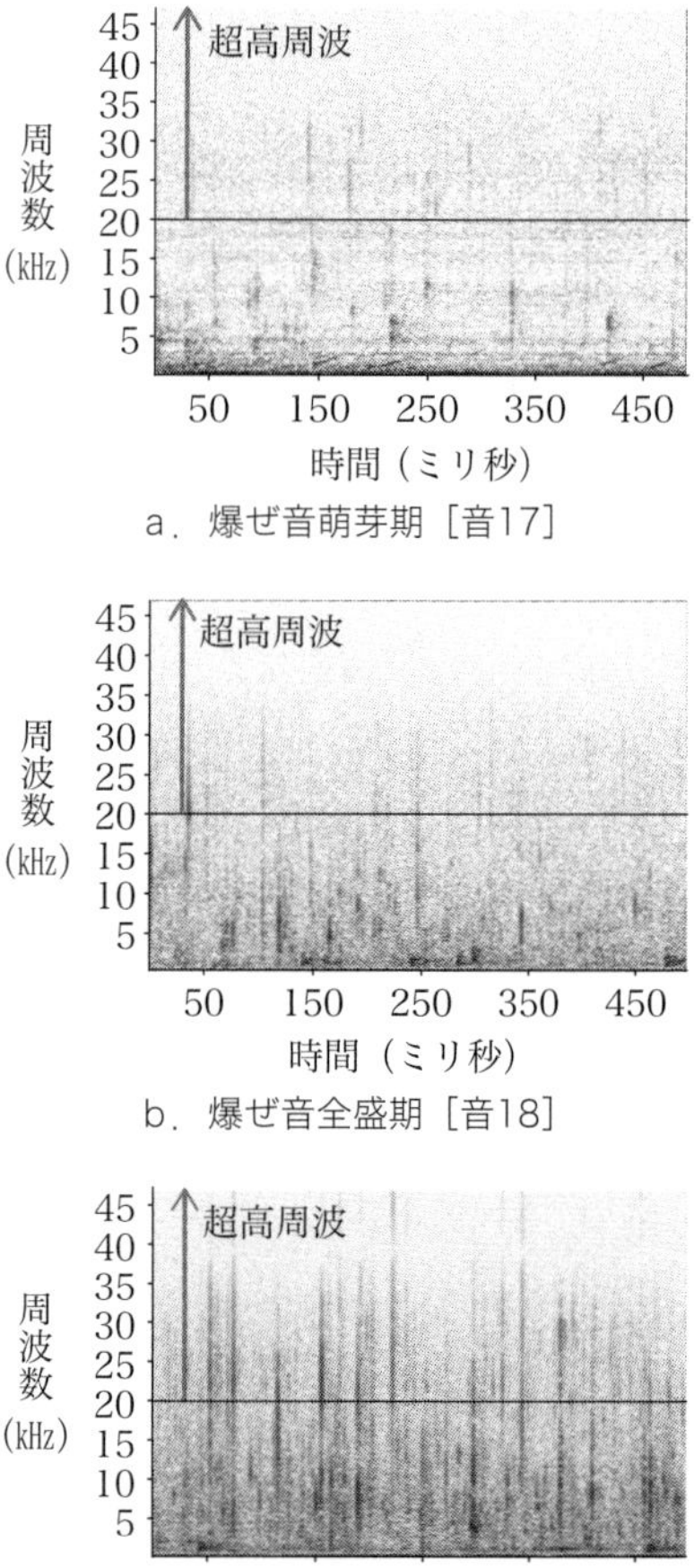

a．爆ぜ音萌芽期［音17］
b．爆ぜ音全盛期［音18］
c．爆ぜ音沈静期［音19］

図4-8　鶏の唐揚げの爆ぜ音のサウンドスペクトログラム（伊藤・木村，2010より改変）

17）、ｂが爆ぜ音全盛期（音18）、ｃが爆ぜ音沈静期である（音19）。
図を見ると、多数の縦線が認められる。これらの線の一つひとつが個々の爆ぜ音を示し、それぞれの持続時間はおよそ三ミリ秒程度である。爆ぜ音は、油が加熱されて高温になり、具材の中の水分が気化し、気泡が破裂することに起因する音である。具材から水分が抜けていく過程で生起し続ける。ａの爆ぜ音萌芽期では爆ぜ音はまばらである。ｂの爆ぜ音全盛期になると爆ぜ音の出現は不規則ながらも、その頻度は増す。具材が揚げ上がるｃの爆ぜ音沈静期になると、爆ぜ音の出現が規則的になり、その出現は安定的であり、出現間隔はほぼ一定となる。

さらに、もう一つ特徴的な現象が見出された。それは、調理中に聴こえてくる音には、超高周波音（註3参照）が含まれていることである。ちなみに超高周波とは一般に、人の可聴上限を超える20kHz以上の音波をさす。各段階の一秒間の音の中で、超高周波音を含む爆ぜ音の割合を調べたところ、爆ぜ音萌芽期では三五・九パーセント、爆ぜ音全盛期では五〇・九パーセント、爆ぜ音沈静期になると八〇・九パーセントと増大していた。このことから、揚げ物調理が進行するにつれて、揚げるという事象が生成する事象音には超高周波音が多く含まれるようになることがわかった。これらの解析結果を総合すると、爆ぜ音の出現が規則的になることと爆ぜ音を構成する超高周波音が増加することの両者が、食べ頃を特定する音情報となったといってよいだろう。

では、食材が揚がるという事象はどのように進行するのだろう。この唐揚げの調理中に主として聴こえてくる音は爆ぜ音であり、その源は気泡である。大量の油の中に衣のついた具材（この場合は鶏肉）を投入し、加熱する。すると、まず油と衣の表面とが接触する。高熱の油が接触するので、衣に含まれている水分が表面から急激に気化する。大量の水分が気化して気泡となり、上昇して破裂する。これが、具材が油の中で加熱された際の「バチバチバチ」という音の源となる事象である。一般に、気泡の破裂音の基本周波数は気泡の半径に反比例することが知られている(望月・丸田、一九九六)。この時点では多量の水分が気化する際の気泡の半径が大きいので、その破裂音が盛大であり、かつ破裂音の周波数はあまり高くならない。

加熱が進み水分の急激な蒸発が一段落すると、脱水しながら油が浸透し、具材の奥深くまで熱が伝播していく。すでに具材の表面や内部にある多くの水分が蒸発した後なので、残されている水分が少しずつ気泡に変わり破裂する。

爆ぜ音全盛期では怒濤のような気泡の発生と破裂はランダムに起きるが、爆ぜ音沈静期になると残された水分の発生と破裂が規則的となる。この時の気泡は小さいので、破裂音の強さは小さく、基本周波数も高く、かつ、その音には超高周波音が含まれるようになるというわけだ。この時が食べ頃に揚がった状態であると実験参加者には知覚された。このまま加熱していくと水分がほぼ抜けてしまうためカラカラとなり、具材は焦げてしまう。爆ぜ音は油を媒介とした熱エネルギーが水の状態を変化させた結果生じる気泡とその破裂に源がある。

揚げ物調理中の爆ぜ音から受ける聴こえの印象はどのように変化していくのであろうか。伊藤・木村(二〇一〇)は「爆ぜ音萌芽期」、「爆ぜ音沈静期」、および「爆ぜ音沈静期」の音から超高周波音を除去した「LPF」という三条件の音を実験参加者に聴いてもらい、対

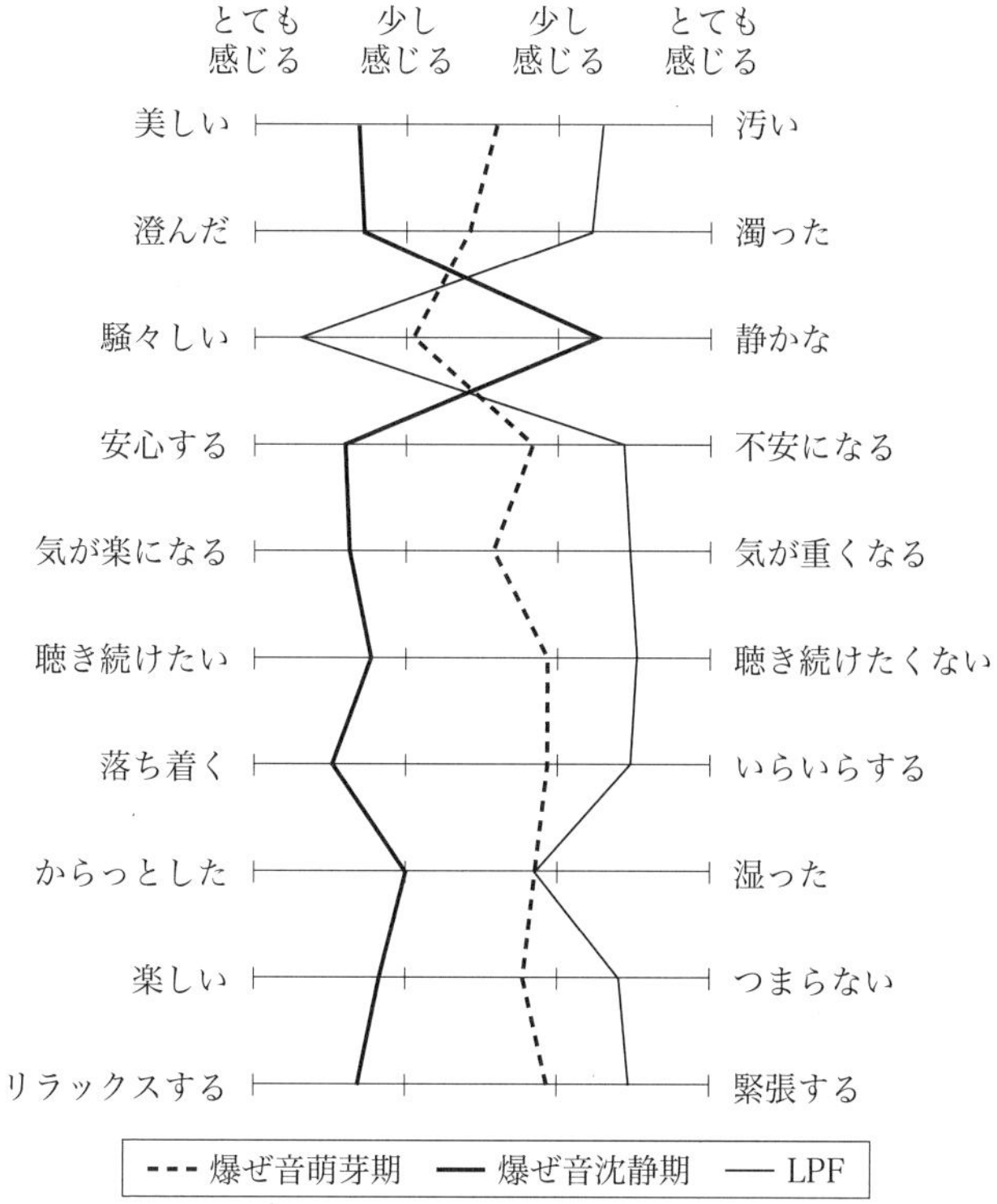

図4-9　3条件における爆ぜ音の印象評価（n＝10）（伊藤・木村, 2010より作図）

になった形容詞を使ってそれぞれの音の印象を評価してもらった。十名の実験参加者が各形容詞対ごとに評価した印象の平均値を結んだ曲線が図4-9である。一見して、三条件の音から受ける印象が異なっていることがわかるであろう。「爆ぜ音沈静期」に注目してみると、最初は低くて不規則だった音が、加熱が進むにつれて細かくて規則的になり、ほかの二条件の音に比べて音色がクリアになっていくように聴こえる。耳障りな音だったものが心地よい音と感じるようになる。この心地よさが人の心の中で「食べ頃だ」「おいしそうだ」という予見につながっているのではないだろうか。

超高周波音が音楽の印象を変える

先に、唐揚げが食べ頃になると爆ぜ音に超高周波音が含まれると述べた。超高周波音それ自体は通常聴くことができない非可聴音である。このような空気振動は人の聴こえに本当に影響するのであろうか。このことを確かめるために、楽曲音に超高周波音を付加するとその印象がどのように変化するのかを調べてみた (Ito & Sawada, 2019)。八名の印象評価の結果を集計したのが図4-10である。図の中で、「可聴音のみを聴取した場合」とは、元の曲のみを聴くことを示し、「可聴音に超高周波音を付加して聴取した場合」とは、同じ楽曲に22～60 kHzあまりの超高周波音を付加して聴取したことを表している。七項目中、六項目の質問

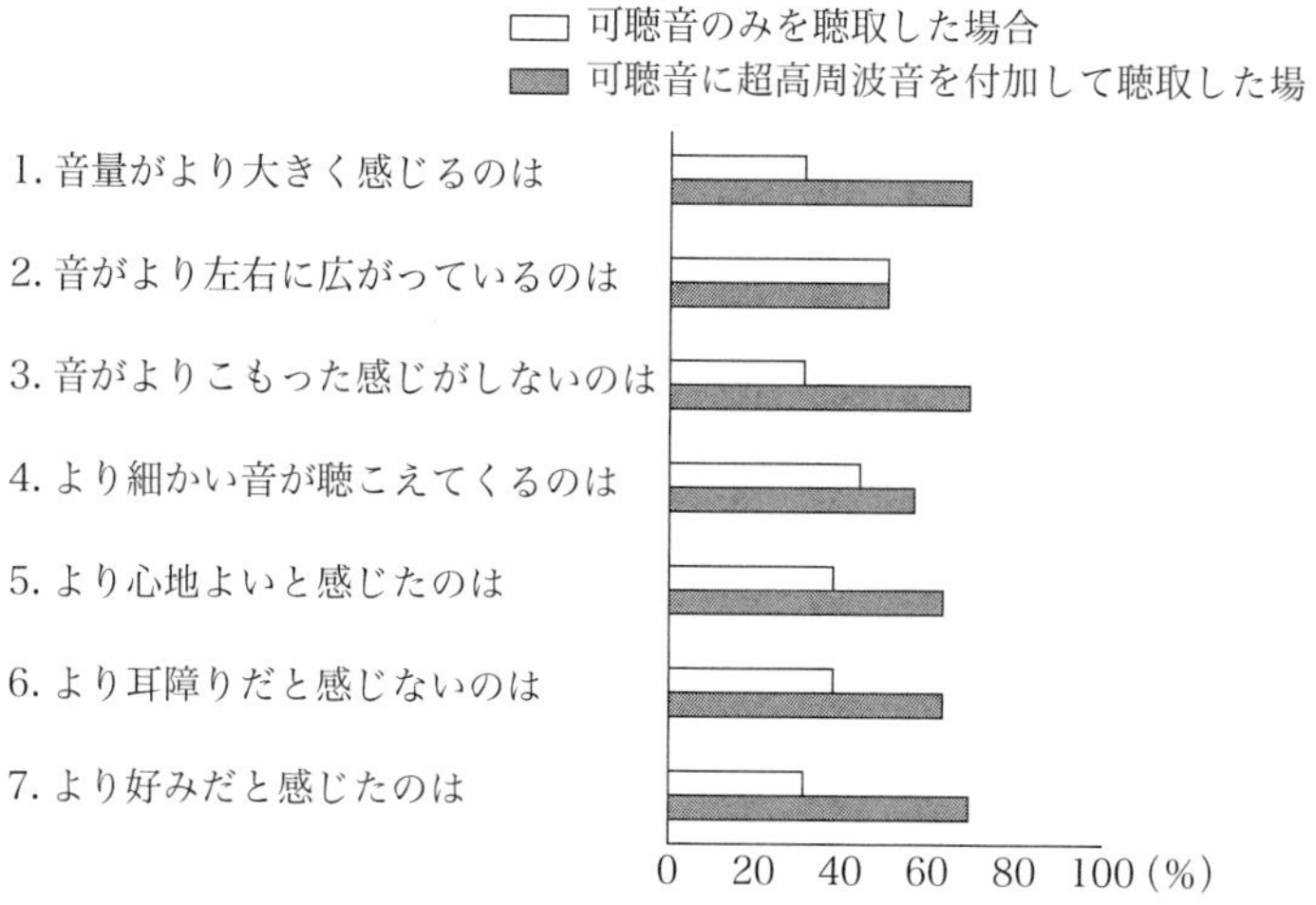

図4-10　超高周波音の付加による楽曲の印象の変化（n=10）(Ito & Sawada, 2019より改変)

で超高周波音付加の音を聴いたほうが肯定的な印象を抱いていることがわかる。これは、唐揚げ音の印象評価実験の結果（図4－9）と合致する。これらの結果が示唆するのは、本来感じることができない超高周波空気振動が付加されると、その影響を受けて可聴音の空気振動の知覚が変化するということである。つまり、人は非可聴音を含めて音源の空気振動を知覚しているという可能性が考えられる。

　考えてみると、可聴音は周囲に存在するごく一部の範囲の空気振動にすぎない。自然界には人には音として聴こえない超高周波空気振動も多く存在している。木々の葉のこすれる音、虫や鳥の鳴音、潮騒や川のせせらぎなどの自然環境音には超高周波音が豊かに含まれている。これらの音源から発せられる可聴音を感じる時に同時に超高周波音も身体に受けていると考えることはごく自然であろう。

最後に興味深い仮説を紹介しよう。熱帯雨林の自然環境音には超高周波音が豊かに含まれているという。超高周波音が含まれている音が人の脳幹を含む中枢神経系の報酬系を活性化させる効果（ハイパーソニック・エフェクト）をもたらすという仮説である（大橋、二〇一七　本田、二〇一二）。このハイパーソニック・エフェクトの発生の機序はいまだ不明であるが、もしかすると、自然環境音のみならず、先に述べた揚げ物などの調理音に含まれる超高周波音にも同様の効果があるかもしれない。

ただし、この効果が発現するためには、聴取される音から可聴音と超高周波音の発生源を同時に特定できる必要があるだろう。つまり、私たちの目の前で実際に何が起きているのかを推論なしに知覚できる必要がある。生じている事象を知覚するためには人の聴覚器官がとらえることができる帯域音は不可欠である。これを示唆する実験結果を大橋（二〇一七）、山崎・堀田・齊藤・小川（二〇〇八）は示している。私たちの実験（Ito & Sawada, 2019　伊藤・木村、二〇一〇）もまたこれらの知見を追認する結果となっている。研究が進むと、私たちが日常的に利用している家電製品などから出る狭い帯域の可聴音（人工的な音）が人体に与える影響も明らかになるかもしれない。

Ⅴ章　音が描く風景がわかる

音情報をもとに人は周囲の風景を思い描くことができる。降雨という自然事象を例にあげながら、音情報からどのようにして事象の生起を識別しているのかを詳しく見ていく。さらに、音情報が事象のみならず事象が生じている場所の特徴をも知覚することを可能にしていることを示す。また、生態心理学的に先駆的な視点が見られる寺田寅彦の随筆を紹介したい。

人は自然の中に出ていくと気持ちがよくなるものだ。春になると、モノトーンであった山や森に明るい緑色が加わり、色とりどりの花々がパッチワークのように広がる。空は青空でも霞《かすみ》がかかることもあり、色相が変わる。野山に散策に出れば、鳥の鳴き声がして、森の梢をわたる風が心地よく、木々の枝葉のこすれる音が周囲を包み込む。新芽の青臭くフレッシュな香り、咲き誇る花の香り、朝露で湿った土の香りも鼻を刺激する。自然の中の散策や森林浴によって気分が癒されたり爽快になったりする。するといっそう、散策をする足も軽やかになる。このような経験をしたことがある人は多いだろう。気分の爽快感や歩くことの心地よさを支えているのは知覚と行為を介した、人と環境との交わりである。

生態心理学の基本は人と環境とのかかわりを知覚と行為とそれらに関与可能な物理学的・化学的現象とを結びつけて記述することである。見たり、聴いたり、かいだりする対象は物理的法則や化学変化の法則の反映である。自然の中の散策や森林浴の知覚的基盤はもちろん視覚だけではない。鳥の鳴き声や木々の枝葉のこすれる音など、自然環境の知覚において、聴こえも重要な役割を果たしているはずである。

では、自然環境音を聴くだけで、周囲にどのような事象が生起しているのかをいかに識別できるのであろうか。降雨という自然事象に焦点を絞って音情報による事象の知覚の可能性について考えてみよう。

1　日常生活の事象音から自然環境の事象音へ――降雨を例として

自然の中の音といっても多種多様である。それらの中でも雨の音は自然音の代表格といってもいいだろう。日本語には降雨の状態に関する多様な表現が実に多い。いやおうなしに聴くことになる雨の音は文学作品にも音楽にも取り上げられるほど私たちの生活に身近な音である。映画などのシンボリックなシーンの効果音に使われることも少なくない（註25）。
降雨とは、水滴が重力の働きにより空から地上に落下するという事象である。降雨あるいは雨滴の落下それ自体は事象生成音を付帯的にそなえていない。雨滴が落下し、地上（水上）の表面と衝突し、それらの表面の変化・変形により生じる事象が降雨にともなう事象生成音すなわち、雨音を生む。これは、雨滴衝突音といい換えることができる。

註25　二〇一〇年に公開されたスタジオジブリのアニメ映画『借りぐらしのアリエッティ』には雷雨のシーンが頻繁に登場する。映画の中で雨や雷の音は、人の聴取点とアリエッティという小人の聴取点の違いにより使い分けられているようだ。たとえば、小人の聴取点は人の聴取点に比べて地面に近いため、水たまりに落ちる雨滴音が大きい。ぜひ、この効果音にも注目して映画を見てほしい。

生態心理学的には重力方向や空と地上の分化、地表面の状態などの要因が相まって、潮騒や河川、滝などの流水にともなう音と雨音との違いはいくつかある。第一に、潮騒や川、滝の音は聴取者の前方や後方など特定の場所で生じるが、雨音は一般に聴取者を取り巻き、全方位において起きる。ほかの水由来の音が指向的であるのに対して、雨音は無指向的であるともいえる。第二に、雨音は個々の雨滴が出す音を識別して聴くことができるが、河川や滝など流水にともなう音を一滴一滴の水滴音に区別して聴くことは容易ではない。

では、降雨の量は音にどのように反映されるのだろうか。たとえば、上方にある木々に衝突する雨滴が出す音を識別できる程度の雨が降ってくるとする。私たちはよく「雨がポツポツ降ってきた」などと擬音語で表現する（音20）。また、個々の雨滴衝突音が識別できないほど雨が降ってくると、「雨がザーッと降ってきた」という擬音語を使用して、前者の降雨の状態と区別する（音21）。前者は事象生成音「ポツ」とそれに続く事象生成音「ポツ」と、その隙間から構成されている。聴取者は一粒の雨滴衝突音と、継続する一粒の雨滴衝突音を識別していることになる。一方、後者の強い降雨の場合では雨滴の量が多くなることで一粒の雨滴の落下と次の雨滴の落下との間に「音の隙間」がなくなったり、雨滴衝突音の「重なり」となったりする。それらの結果、個々の雨滴がひとまとまりとなった事象生成音「ザーッ」として聴こえる。同様の聴こえの経験は、Ⅱ章の車道を走行する車両音についてでも見られるので参照してほしい。

雨滴衝突音が断続的に聴こえる状況と、雨滴衝突音が流水音のように連続的に聴こえる状況とでは、人にとっての降雨がもつ意味は異なってくる。ポツポツと雨音が聴こえる状況は人が雨に濡れるということを予見させたり確信させたりするが、少なくとも降雨そのものによって生命の危険まではないことをも保証する。一方、「バケツをひっくり返したような」と比喩される流水音が雨音となれば、それが人にとって生命の危険にもつながることを予見させるであろう。

さらに重要なことに、雨滴衝突音は雨滴が落下した対象の状態を人に伝える音情報をともなう。そのことが豊かに表現されている小説の一節を紹介しよう。一九九六年に第二十回スバル文学賞を受賞したデビット・ゾペティの小説、『いちげんさん』から、目の見えない女性の発言の一節を読んでほしい。


「ねえ、ちょっと雨の音を聞いていようよ」と京子は小さな声で言った。「私は雨の音を聞くことに関して、ちょっとした才能を持っているのよ。一滴一滴の音を聞き分けて、その一滴一滴がどこに落ちたのかがだいたい分かるの。砂利の上に落ちているのか、家の屋根を叩いたのか、木の葉を微かに揺らしたのか、という具合にね」デビッ

ト・ゾペティ『いちげんさん』集英社文庫、一九九九年、五五–五六頁

これは決してフィクションではない。たとえば雨天の場合、雨滴が地面や対象物に落下する。すると、一滴がそれらに衝突することにより音を放つ。前述のように雨滴が落下した際に衝突した対象が葉なのか、石なのか、水たまりなのか、家の屋根なのかにより衝突の状態が異なる。それは対象物体の表面の剛柔、弾性、表面の肌理などにより衝突がもたらす表面の変形の程度が変化するためである。その違いが元となって、雨滴の落下にともなう事象生成音の特徴を生む。ちょっと意識さえすれば視覚障害の有無にかかわらず晴眼者でもそれらの違いに気づくことができるはずである。

先に述べたように聴取者の全包囲を取り囲むように生じる降雨はほかの水流由来の事象生成音にはないやっかいで特殊な状況を生み出す。再度、前掲の小説から引用してみよう。


京子も珍しく愚痴をこぼしていた。

「こんなどしゃぶり雨の日に街に出かけるなんて、まるで悪夢だわ。だって、周りの状況が分かりにくいのよ」と彼女は言った。

「音というのは、私にとってものに触れるのと同じくらい頼りになるでしょ。だけ

ど、音が大きすぎると、逆に何もかもが分からなくなっちゃうの。どしゃぶり雨の音とか、濡れた道路の上を走る車のタイヤの音とか、いろんな音がごっちゃ混ぜになって、本当に大変なの。それに、少しでも荷物があると、片手に白杖をもって、同時に傘を差すなんて一苦労だわ。腕がもう一本欲しいと思うくらいなの。こっちの傘が人と物に次々にぶつかるわ、人の傘も私の顔に当たるわ、大変よ」とぽつりぽつりと語った。デビット・ゾペティ『いちげんさん』集英社文庫、一九九九年、四八頁
ここで語られているように、雨音が激しくなると、目の見えない人にとっては晴眼者が霧や靄《もや》の中にいるのと同じ状況になる。これは包囲光配列の構造が変容する場合とまったく同じである。霧や靄の中に観察者がいると、周囲に存在している光の構造は消失する。同様に、大雨や大雪、暴風雨や暴風雪は視界を悪くする。包囲音配列の構造においても同じことがいえよう。三六〇度にわたる雨音によって聴取者を取り囲んでいる包囲音構造が失われてしまい、肝心の聴こうとしている周囲の音が知覚しにくくなってしまう。包囲光の構造も包囲音の構造もともに空気中の水分に影響を受けるというのは興味深い。光にせよ、音にせよ、人が自己の周囲を知覚するという同じ目的に利用する情報が、空気と水という媒質（ミーディアム）（佐々木、二〇二〇）に存在しているということをこのことは含意してい

る。人が環境を知覚するのに空気と水という媒質が重要であるゆえんである。音を聴くということ、振動を感じるということを通じて、私たちが生きていくことにとって空気と水がいかに重要な役割を担っているかをあらためて実感させられる。

2 サウンド・パースペクティヴ——音の眺望

今でも鮮明に思い出すことができる視覚的記憶がある。午後のどこまでも高いスカイブルーを背景にビル群があり、そのビルとビルの間やビルのてっぺんより上に、当時完成したばかりの「サンシャイン60」というビルが見える。それらのビル群の手前に首都高速道路が左右に走っている。首都高速道路の手前には濃い緑色の木々、さらにその手前に駐車してある何台かの車、そして、歩道。これは私がまだ多少とも目が見えていた中学生の頃、教室の窓から見える風景だった。今でも鮮明に思い出せるということは、授業は聴かず、もちろん板書も見ずに、窓の外に広がる街の風景をずっと見ていたのだろう。

その頃、サンシャイン60は新築のビルで、私が通っていた学校周辺の建物の中では群を抜いて高かった。ゆえに、ほかのビルの向こう側に見え、手前のビルの隙間からは見え隠れするわけである。

このような窓越しに見ていた景色はいわば光のパースペクティヴ（眺望）ということができるだろう。環境の見えを考えてみると、観察者に近い物体が遠方の物体の姿を遮る。これが光学的遮蔽や重なりとなる。ギブソンはそれまで見えていた物体がほかの物体によって隠れることを遮蔽といい、見えていない物体がほかの物体の縁から見えてくることを脱遮蔽と名づけた（Gibson, 1979　古崎・古崎・辻・村瀬訳、一九八五）。遮蔽縁からどのような景色が見え隠れするかは観察者がいる環境特有の光情報となる。では、「音の景色」（包囲音配列）は、人に対してその周囲に関するどのような知覚的情報をもたらすのだろうか。雨音の例を再度引き合いに出そう。

雨音というと、京都の寺の縁側に座って竹林に降り注ぐ雨滴の音を聴いたことを思い出す。その場で私が聴いていた音といえば、まず雨粒が竹の葉に落ちて音を出す。次に、雨粒は竹の幹にも当たって音を出す。そして、地面に衝突して音

図5-1　竹林に降る雨

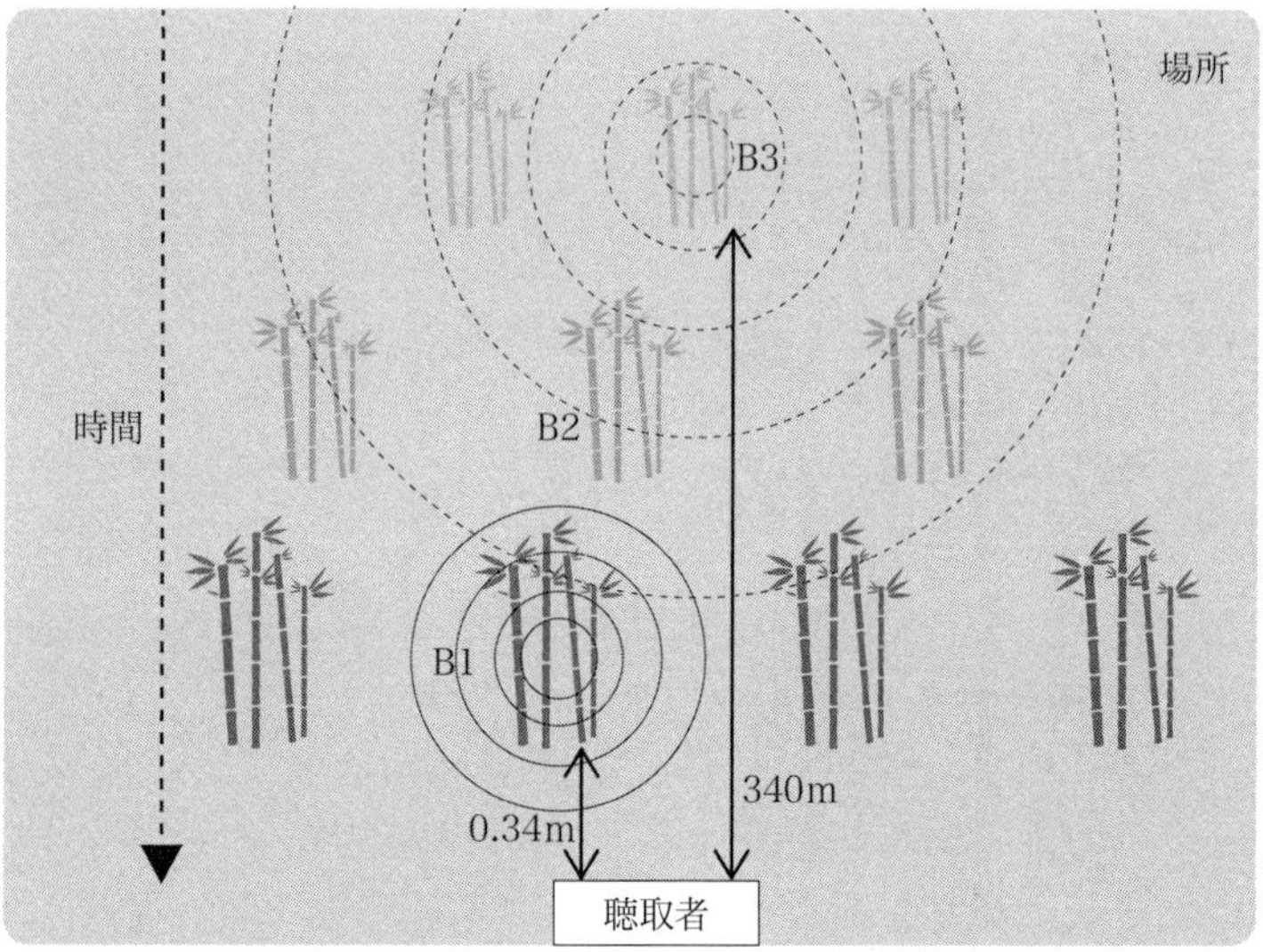

図5-2　サウンド・パースペクティヴ（音の眺望）

この竹林の雨音のように、その場所にいる人に聴こえている音には、“場所特有の状態”と“今、この瞬間にその場所で起きている出来事”、“過去に起きた出来事の状態”も含まれている。この図では、聴取者の眼前に竹林が広がっており、竹（B3）に雨が当たる。それらの音が人に届いているというイメージを表している。図中の聴取者には竹に雨が当たる音が次々と聴こえてきている。たとえば、図中、聴取者から340メートルのところに生えている竹の雨音は1秒後に聴取者に届く。その直前、1000分の1秒前に0.34メートルのところに生えている竹（B1）で雨つぶが当たる音がすると、これら2種類の音は聴取者の耳に同時に届くことになる。なお、この例では音は1秒間に340メートルの速度で進む（伝播する）という前提とする。つまり、「今ここ」で聴いている音はその場所で生じている一瞬一瞬の音でもあり、「今ここ」より時間的に前の過去の音でもある。これこそが本書で提唱しているサウンド・パースペクティヴ、音の眺望の特質である。

を出す。竹林からの音がこのような順序で聴こえてきたように記憶している。座って聴いている私より高い位置に葉がついていると、その雨音を聴いている聴取者である私にとっては、上方に多数の雨粒の衝突音からなる「音のかたまり」（あるいは、音の重なり）が知覚される。そして、上方の葉からしたたり落ちた雨粒は幹や地面に降り注ぎ、「ばらけた音」となって聴こえてくる（図5-1）。

竹林の場合、上方でひとまとまりとなった雨音は「サー」という音として聴こえる。聴取者から近い竹の葉や幹から発せられた雨滴衝突音は相対的に大きく聴こえ、遠くからの音は小さく聴こえる。遠くの竹に当たった雨滴衝突音が近くの竹に遮蔽されたり音波が回折されたりすることもあろう。その結果、竹林が生成する降雨由来の事象音により、竹林の広さ、竹の密度、竹の葉の量、竹の太さなど竹林の所与の属性を反映した独特な「音の眺望（サウンド・パースペクティヴ）」が生まれる（図5-2）。

3　音を聴くことの中に在る「ここ」と「今」と「知覚すること」

竹林の雨音の聴こえのように、サウンド・パースペクティヴには聴取者がいるその場所、聴取者がいるその瞬間の音の構造を包含しているともいえる。そのことを暗に示したのが、物理学者であり随筆家でもあった寺田寅彦（一八七八–一九三五年）である。寺田は「雨の音（Ame no Oto）」（註26）という随筆で雨の音を卓越した表現により記述している。そこで最後にこの文章を取り上げたい。

風のない夜《よ》の雨の音を、書斎の机にもたれて、じっと耳をすまして聞いていると、なんとなく心の底まで落ち着いて来る。そして、何かしら深く考えさせられる。
いろいろな物音に比べて、雨の音には一つの著しい特徴がある。楽器の音《おと》、人の声、電車の音、大砲の音、虫の鳴く音《ね》、……このような音については、音の出る源がちゃんと決まった大きさと広がりを持っている。音を出す部分の長さ、広さ、奥行が一秒の間に音の波が空気の中を進む距離に比べて小さく、またはっきり外《ほか》からここまでと限られた範囲の中にまとまっている。従って、その音がどちらの方から聞えるかということにも意味がある。しかるに、雨の音はそうでない。広い面積に落ちるたくさんな雨粒《あめつぶ》が、一《ひと》つ一《びと》ついろいろなものに当たって出る音の集まり重なったものである。音の源をここと指し示すことはできない。音を聞いている人は数の知れない音の出る点の群れに取り囲まれているのである。

雨の音の特徴はまだそれだけではない。近い所に落ちる雨粒の音に比べて、遠い所のは、音が弱いばかりでなく、その上に時間が遅れて聞えて来る、——聞く人からの距離の差だけの距離を音が進むに要する時間だけ遅れる。勿論、一つ一つの雨粒の音はいくらも遠い所へは聞えないだろうが、聞き手から、ほぼ同じ距離に落ちる雨粒の数はかなりにたくさんあり、すべての距離のものがみないくらかずつは聞えるから、つまりあの雨の音はどこからどこまでとはっきり限りの知れないかなり広い区域から出るものが、ある物理学的の方則によって組み合わされたものである。それである瞬間に聞いている人の耳に入る音は、その瞬間に落ちた雨の音ではなくて、過ぎ去った過去——たとえそれはただほんの短い前であるとはいえ、ともかくも過去の音を集めたものである。

(後略)　寺田寅彦「雨の音　Ame no Oto」『寺田寅彦全集第九巻』岩波書店、一九九七年、一二〇—一二一頁

註26　寺田の雨の音の随筆は媒質の振動としての音波に注目し、広がりのある地面に落ちる音を距離、音速という物理的特性と聴こえという知覚的現象とを結びつけて日常を記述している。この意味で、寺田は生態学的物理学の先駆者なのではないかと私は思う。この随筆を日本映画大学映画学部教授の高橋世織先生から紹介していただき、私はすっかり寺田寅彦ファンになってしまった。それで彼の著作集を眺めてみると、音を題材とした随筆が実に多い。ぜひほかの著作も読んでみてほしい。とくに、「波の音」「音の世界」「目と耳」を薦める。

この原文は寺田が四十二歳の時にローマ字で書かれているが、ここでは漢字かな交じりに直された文章を引用した（註27）。私なりに寺田の表現を解釈し、本書の結びとしたい。

彼はこの随筆で雨滴も雨音も単なる物理現象としてとらえてはいない。なぜならば、彼の記述には、雨滴が地面・水たまりに衝突するという事象と、それを聴いている知覚者の観察点が含まれているように思えるからである。まさに生態心理学的な表現である。

寺田の雨音の記述には、雨の音を聴いている聴取者と、雨滴が落下する場所の広がり、そして聴取者に聴こえてくる音の伝播時間が含まれている。聴取者を取り巻く雨滴が落下している場所では、ぐるりと聴取点を取り囲むようにして雨滴と地表面や対象物との衝突音が生成される。雨滴がさまざまな表面と衝突して生じる事象生成音は、先にも述べたように、衝突面の状態を知覚するのに役立つ。さらに、この雨滴衝突音は、「広い面積に落ちるたくさんな雨粒が、一つ一ついろいろなものに当たって出る音の集まり重なったものである」と述べられているように、「音の重なり」としても現れる。このように、雨音はその場所における雨天特有の音構造を生み出す。

さらに寺田は文章の中で、人は日常生活で雨音を一つひとつ、個別の粒として聴いていないことを示唆している。この文章は複数の雨音が一斉に生じているという包囲音の状態を表現している。それだけではない。さらにこれは、今聴こえている音に個々の音の到来時間のずれが反映されていることをも意味している。空気という媒質の振動により到達時間が規定されてしまう結果として、一秒前の雨の音と二秒前の雨の音が重なることをも示しているのである。それは、音波がもとより伝播を担う媒質の振動であるので、伝播速度は媒質に依存するからである。つまり、音速は光速に比べると格段に遅い。それゆえ、聴取者から遠方の雨滴衝突音は近隣の雨滴衝突音よりも到達に時間がかかる。

たとえば、先に取り上げた竹林に降り注ぐ雨滴音の場合、聴いている人の三四〇メートル前方の竹に雨滴が当たって音が生まれたとする（図5-2）。気温が一定で音速が変わらないとすれば、その音は一秒後に聴いている人の耳にやってくる。この音が耳に到達するほんの千分の一秒前に、三四センチメートル前方の地面に雨滴が跳ね返って音が生まれたとすると、異なる音波同士のこの二つの音は聴いている人の耳に同時に到達する。雨滴が衝突した対象が竹の葉なのか、落下した地表面が砂利なのか、水たまりなのかで、生じる音も異なる。すると、異なる二つの音は「音の重なり」という現象になる。遠方から到来した音と近傍で生じた音が混ざったり重なったりする。これらの結果として、聴取者が占める場所に雨

註27　目の見えない人が読み書きする点字は漢字仮名交じり文というよりローマ字に類似している。つまりローマ字も点字も表音文字である。点字でこの文章を読んで感じたのであるが、寺田は音について音で表現したかったのではないだろうか。ぜひ、この文章を音読してみてほしい。

天特有の包囲音構造が構成される。この構造にはその場所を特徴づける音情報が含まれる。すなわち、この情報は事象の源から聴取者までの距離により決定される伝播時間を内包する。

音と光では速度が異なることにより、音の伝播時間と光の伝播時間とは大きく異なる。これが、広がりのある場所を一点から聴取すること（サウンド・パースペクティヴ）と広がりのある場所を一点から見通すこと（つまり光のパースペクティヴ）とを分かつことになる。一点から広がりのある場所を聴く時、寺田の雨の記述のように、聴こえている音には場所の特性だけでなく、すでに継起した事象の生成と、一瞬の事象の生成が反映されている。このように、ある位置を占める聴取者に到来する音は、その場所を特徴づけるという側面と、「ここ」で聴こえる過去・現在の瞬間の事象の継起という側面、いわば「場所」と「時間」の二つの側面をもつ。

さらに敷衍すれば、寺田の「雨の音」はまた、私たちに、過去・現在・未来という時間的枠組みの再考を促しているように思われる。私たちは視覚による知覚様式を、人が周囲を認識する際の不変原理として当然のように受け入れがちである。視覚を使って周囲を知覚することを考える時、認知科学者や情報処理学者は「時間」を無数の「静止」が連続していることと仮定して、その一つの静止時点において見えた静止画像からなる視覚情報を中枢神経系が処理するというプロセスを想定することが多々ある。ところが、視覚が対象とする光に比べて聴覚、振動知覚が対象とする音や振動などの波には、このプロセスは成り立たない。なぜならば、これらの波は断片視（スナップショトビジョン）（Gibson, 1979 古崎・古崎・辻・村瀬訳、一九八五）を前提にできないからだ。音波や振動からある一瞬を取り出そうとしたとたんに、もはやそれらは音波や振動ではなくなる。音波を含めた振動そのものが「時間経過」であるからだ。

音を聴くということは、一瞬一瞬の気圧の状態を受け取るだけでは成立しえない。空気圧などの媒質の連続的な変化を感受してはじめて音を聴くということが成り立つ。今の瞬間の音を聴く（振動を知覚する）ということは、直前の瞬間の波を知覚していることをも包含している。換言すれば、今、この瞬間に聴いている音、知覚している振動には、たとえ「たったほんの短い前とはいえ」、過去の音や振動の様態が反映されており、さらには、到来するであろう未来の気圧変化を予見する情報も含まれている。つまり、音や振動の知覚には明確な過去、現在、未来の境界はない、ということである。

私の解釈のかぎりにおいて生態学的知覚論における最も興味深い含意は、現在のこの一瞬の知覚と過去・未来の知覚とに明確な境界線を引いていないこと、そして、事象が生じている場所と瞬間の継起とを相異なる概念としてではなく、分かちがたいこととして扱おうとしていることである。その場所で起きている事象の一瞬とそれに継起する事象の一瞬、そしてその「間」とが連なって、日常生活は流れていく。「場所」と「時間」を統一的に扱おうとするのが、生態学的知覚論であり、日常生活をいわば丸ごとそのまま記述する知覚論でもある。この知覚理論において、音の聴こえや振動の知覚は、視知覚に勝るとも劣らない主役たりうるのである。本書を通じて、当たり前のように過ぎていく時間、音、そして、聴取者がいる場所について、新たな観点を提供できたのならば幸いである。

あとがき

もう二〇年以上前に、『TAUの意味論』という私論を現代思想に執筆した。その時に取り上げたのが目の見えない人が白杖を使って歩くという研究であった。実験をしながらつくづく実感したことは、人は、視覚に頼らなくても周囲の環境としっかりと結びつき、その場所を知覚し、歩むことができるということだった。視覚以外の知覚的情報を利用するコツ、白杖を使用するコツを習得できる人の柔軟な能力には目を見張るものがあると当時思ったものだ。

脱稿して再度通読してみた。すると、あることに気づいた。それは、私の今の状況が0章の失明直後によく類似していることだ。四十年以上も前に行ったこと、すなわち白杖を使って移動する訓練を今、私は自分自身で行っている。すっかり忘れてしまった白杖を使って周囲とつながる方法を思い出すために。三十年も前の過去に置いてきてしまった知覚と行為循環を再度身につけるために。なぜかというと、私はおよそ三十年前から「アイメイト」（盲導犬）を使用して生活してきた。ところが、五代目の盲導犬が二〇二〇年三月二十五日に急逝してしまった。盲導犬が私の身体、知覚システムの延長となって日常生活を送ってきていたから、三月以降は「不完全な知覚的自己」となってしまっているからである。再度白杖を使って環境とつながり、知覚的自己を再構成しようと苦闘している最中である。その時期に本書が刊行されるというのは不思議な巡り合わせであるとしか思えない。

本書に取り上げた実験の多くは私と共同研究者が手がけてきたものである。各章を読み返していると、それぞれにまつわるエピソードが走馬灯のように思い起こされてくる。

Ⅰ章で取り上げた茶道と音の関わりの研究を行ったのは、もう十年以上も前の晩秋であった。当時、茶室内に録音やビデオ機材を持ち込み、「炭点前」の一部始終を記録させてもらった。

Ⅱ章で紹介した目の見えない人と晴眼者に東京の地下街を歩いてもらう実験を行っていた当時、私は佐々木正人先生の主催する「アフォーダンス研究会」(略称「アフォ研」)に毎週のように参加し、佐々木先生や大学院生などと大いに議論し、そしてよく酒を酌み交わしたものだ。

Ⅲ章で紹介した音を使った「ムービングルーム」実験は、一九九八年に私がシンシナティ大学のストッフレーゲンさんのラボに滞在していた頃に行ったものである。ストッフレーゲンさんも私も音の動きで身体が揺れ動くのか半信半疑だった。私たちは夜遅くまでハンバーガーをぱくつきながら実験方法を試行錯誤したものだった。いざ実験してみると、目の見えない人の身体が「ムービングルーム」に呼応して揺れるのを観察することができた。その結果に歓喜したことを昨日のことのように思い出す。ストッフレーゲンさんは実験の合間に生態心理学の創始者ジェームズ・ギブソンの妻であり、知覚学習の研究者であったエレノア・ギブソンの思い出を懐かしそうに語ってくれた。彼がエレノア・ギブソンの研究室に入ってまず初めにした仕事は、ジェームズ・ギブソンのラボの片づけだったそうだ。

V章で取り上げている寺田寅彦の作品からは多くの示唆と感銘を受けた。寺田寅彦の作品は日本映画大学の高橋世織先生よりご紹介いただいた。先生からの紹介がなければ、私の生態音響学の枠組みとなる概念の試作はもっと陳腐になっていただろう。高橋先生にこの場をお借りしてお礼を申し上げたい。

ほかにも本書で紹介した研究の多くは共同研究者あるいは議論におつきあいいただいた方々のおかげであると思っている。とくに、十年間にわたり共同研究を進め、辛抱強く議論の相手をしてくださった株式会社デンソーの沢田護さん、早稲田大学の三嶋博之さんには謝意を表したい。I章の内容については、茶道教室の野呂さとみ先生が所作や音の表現などをていねいに添削してくださった。この場を借りてお礼申し上げたい。Ⅳ章2の唐揚げ調理の音響解析では、公立はこだて未来大学の木村健一さんの援助を受けた。そして、二十年余りの共同研究者である秋田純一さん、岡本誠さん、小野哲夫さん、櫻沢繁さんなど、公立はこだて未来大学開学以来の友人たちが私の妄想につきあってくださったことも忘れることができない。

加えて、本書をまとめるにあたり、多くの方々の援助をいただいた。研究室で私の仕事の補助をしている高橋美保さんは、私の遅筆にあきれながらも辛抱強く原稿をチェックするとともに、すべての図表を作成してくれた。インターネットに公開している音の周波数解析、および音源集の制作は、私の研究室の卒業生である西田光里君と、現在本学の大学院生である丸尾海月君の尽力に追うところが大きい。そして、これまで、私の無理なお願いにもかかわらず点訳、音訳を引き受けてくださった関東および北海道のボランティアの皆様に敬意と謝意を表したい。

新・身体とシステムのシリーズ刊行にあたりお声をかけていただいたのは二〇一三年三月のことであった。気がつけばもう七年以上も経過してしまった。構想七年、満を持して刊行といえば聞こえはよいが、実のところは私の筆が進まず結果的に執筆に長期間いただくことになった。編者の佐々木正人先生、國吉康夫先生は私の原稿をていねいにご校閲してくださり、たいへん貴重なコメントをいただいた。何度も改稿を重ねているうちに、本書に含めることができなかった論考や研究事例も多くなってしまった。それらすべてを本書にまとめることができなかったのは私の不徳の致すところであり、力量不足にほかならない。

シリーズ「身体とシステム」が二〇〇〇年より刊行されたが、その際にもお声をかけていただいた。当時は私の準備不足から白紙になってしまったが、今回はなんとか脱稿にいたることができた。辛抱強く原稿の仕上げを待ち、そのすべてに目を通してご意見やご助言をくださった金子書房編集部の亀井千是さん、渡部淳子さんに心から感謝の意を表したい。
最後になるが、今まで私を公私にわたって支えてくださった多くの方々、そして、今後、私の研究・日常生活を自ら進んで支援してくださるであろう方々、そして、突然に急逝した盲導犬バルダーにこの小さな本を捧げる。

二〇二〇年十月二十日　北海道函館にて

文　献

0章
Gibson, J. J. 1979 *The ecological approach to visual perception.* Boston: Houghton Mifflin.［古崎　敬・古崎愛子・辻　敬一郎・村瀬　旻訳　1985　生態学的視覚論――ヒトの知覚世界を探る　サイエンス社］
Mach, E. (Translated by McCormack, T. J.)　1893　*The science of mechanics: A critical and historical account of its development.* https://science.sciencemag.org/content/ns-22/559/222.3　［原著 1883　Die Mechanik in Ihrer Entwickelung: Historisch-Kritisch Dargestellt.　http://www.deutschestextarchiv.de/book/view/mach_mechanik_1883?p=5］
ジェームズ・タレル（インタヴュアー　佐々木正人）　1999　光に触れる意識　A consciousness that touches the light. *InterCommunication,* **27**, Winter, 121-127.

コラム1
Gibson, J. J. 1979 *The ecological approach to visual perception.* Boston: Houghton Mifflin.［古崎　敬・古崎愛子・辻　敬一郎・村瀬　旻訳　1985　生態学的視覚論――ヒトの知覚世界を探る　サイエンス社］

I章
岡本文音　2010　茶の湯の音――『日本教会史』における「市中の山居」を糸口にして（民族藝術学の諸相）．民族芸術，**26**，215-222.
大西清右衛門　2004　茶の湯の釜　淡交社

II章
Gibson, E. J.　1969　*Principles of perceptual learning and development.* East Norwalk, CT: Appleton-Century-Crofts.［小林芳郎訳　1983　知覚の発達心理学　田研出版］

伊藤精英　1994a　重度視覚障害者のナビゲーションに関する研究II――ルート説明を中心として　日本教育心理学会第36回総会発表論文集，554.
伊藤精英　1994b　TAUの意味論――音による予期的知覚　現代思想，**22**（13），178-187.
伊藤精英　1998　どのようにして盲人は環境内を移動するのか――ウェイファインディングに対する生態心理学的アプローチ　認知科学，**5**（3），25-35.
伊藤精英・塩瀬隆之・間々田和彦　2005　視覚障害者の道路横断訓練用仮想3次元音場提示システムの開発　映像情報メディア学会誌 **59**（12），1847-1850.
新垣紀子・野島久雄　2001　方向オンチの科学――迷いやすい人・迷いにくい人はどこが違う？　ブルーバックス
Rosenblum, L. D., Wuestefeld, A. P., & Saldaña, H. M.　1993　Auditory looming perception: Influences on anticipatory judgments. *Perception,* **22**, 1467-1482.
Shiose, T., Ito, K., & Mamada, K.　2004　The development of virtual 3D acoustic environment for training ‘perception of crossability’. Proceedings of ICCHP　2004　(International Conference on Computers Helping People with Special Needs), 476-483.

III章

Cotzin, M., & Dallenbach, K. M.　1950　“Facial vision:” The role of pitch and loudness in the perception of obstacles by the blind. *The American Journal of Psychology,* **63** (4), 485-515.
Diderot, D.　1749　*Lettre sur les aveugles.*［小場瀬卓三・平岡　昇監修　1976年初版／2013年新装版　ディドロ著作集第1巻哲学 I　法政大学出版局. p.104（2013年新装版）所収］
伊福部　達　1993　気配のもとを聴覚から探る　日経サイエンス　10月号，39-46.
伊福部　達　1997　音の福祉工学（音響テクノロジーシリーズ）　コロナ社（2003年初版第3刷）
Ito, K., Inou, H., Sawada, M., & Mishima, H.　2011　Influence of

air flow perception on reaching movements. 16th International Conference on Perception and Action (ICPA16).
Ito, K., Sawada, M., Mishima, H., Takiyama, M., & Kikuchi, Y. 2015　Medium facilitates the perception of affordances of touch. 18th International Conference on Perception and Action (ICPA18).
伊藤精英・関　喜一　1998「聴覚性運動」を用いた障害物知覚を測定する試み　第24回感覚代行シンポジウム，13–18.
伊藤精英・関　喜一　1999「聴覚性運動」を用いた障害物知覚を測定する試み（第２報）　第25回感覚代行シンポジウム，1–6.
伊藤精英・関　喜一　2000　盲人の反射音定位能力の評価法の検討：音響的仮想壁の移動に対する姿勢の応答を指標にして　日本音響学会2000年秋季研究発表会講演論文集，313–314.
伊藤精英・関　喜一　2001「聴覚性運動」を用いた障害物知覚を測定する試み（第３報）——仮想壁の振幅と身体動揺との関係　第27回感覚代行シンポジウム，41–46.
梶井　健・関　喜一・伊福部　達・田中良広　1994　盲人の障害物知覚におけるカラーレーションの特性について　第20回感覚代行シンポジウム，129–133.
Lee, D. N., & Lishman, J. R.　1975　Visual proprioleptive control of stance. *Journal of Human Movement Studies,* **1** (2), 87–95.
Rice, C. E. 1967 Human echo perception. *Science,* **155**, 656–664.
Rice, C. E., Feinstein, S. H., & Schusterman, R. J.　1965　Echo-detection ability of the blind: Size and distance factors. *Journal of Experimental Psychology,* **70** (3), 246–251.
関　喜一・伊福部　達・田中良広　1994　盲人の障害物知覚における障害物の遮音効果の影響　日本音響学会誌　**50**（5），382–385.
関　喜一　1996　環境騒音場における無限障壁に対する障害物知覚の心理的要因　テレビジョン学会技術報告，**20**（46），51–56.
Stoffregen, T. A., Ito, K., Hove, P., Yank, J. R., & Bardy, B. G. 2010　The postural responses to a moving environment of adults who are blind. *Journal of Visual Impairment & Blindness*, **104** (2), 73–83.

Stoffregen, T. A., Villard, S., Kim, C., Ito, K., & Bardy, B. G. 2009 Coupling of head and body movement with motion of the audible environment. *Journal of Experimental Psychology: Human Perception and Performance*, **35** (4), 1221-1231.
Stoffregen, T. A., Smart, L. J., Bardy, B. G., & Pagulayan, R. J. 1999 Postural stabilization of looking. *Journal of Experimental Psychology: Human Perception and Performance,* **25** (6), 1641-1658.
Supa, M., Cotzin, M., & Dallenbach, K. M. 1944 "Facial vision": The perception of obstacles by the blind. *The American Journal of Psychology,* **57** (2), 133-183.

コラム3

Ashmead, D. H., Wall, R. S., Ebinger, K. A., Eaton, S. B., Snook-Hill, M.-M., & Yang, X. 1998 Spatial hearing in children with visual disabilities. *Perception,* **27** (1), 105-122.
Babkoff, H., Muchnik, C., Ben-David, N., Furst, M., Even-Zohar, S., & Hildesheimer, M. 2002 Mapping lateralization of click trains in younger and older populations. *Hearing Research*, **165** (1-2), 117-127.
Collignon, O., Dormal, G., Albouy, G., Vandewalle, G., Voss, P., Phillips, C., & Lepore, F. 2013 Impact of blindness onset on the functional organization and the connectivity of the occipital cortex. *Brain: A Journal of Neurology,* **136** (Pt 9) : 2769-2783.
Collignon, O., Voss, P., Lassonde, M., & Lepore, F. 2009 Cross-modal plasticity for the spatial processing of sounds in visually deprived subjects. *Experimental Brain Research,* **192**, 343-358.
Frisina, R. D. 2009 Age-related hearing loss: Ear and brain mechanisms. *Annals of the New York Academy of Sciences,* **1170** (1), 708-717.
Gougoux, F., Zatorre, R. J., Lassonde, M., Voss, P., & Lepore, F. 2005 A functional neuroimaging study of sound localization: Visual cortex activity predicts performance in early-blind individu-

als. *PLOS Biology,* Feb; 3 (2): e27.
伊藤精英・佐々木正人　2010 〔対談〕ノイズに意味が埋まっている——盲人の生活聴力　文学, **11** (6), 142-155.
Muchnik, C., Efrati, M., Nemeth, E., Malin, M., & Hildesheimer, M. 1991 Central auditory skills in blind and sighted subjects. *Scandinavian Audiology*, **20** (1), 19-23.
Nilsson, M. E., & Schenkman, B. N. 2016 Blind people are more sensitive than sighted people to binaural sound-location cues, particularly inter-aural level differences. *Hearing Research*, **332**, 223-232.
Rice, C. E. 1967 Human echo perception. *Science,* **155**, 656-664.
Rice, C. E., Feinstein, S. H., & Schusterman, R. J. 1965 Echo-detection ability of the blind: Size and distance factors. *Journal of Experimental Psychology,* **70** (3), 246-251.
Voss, P., Lassonde, M., Gougoux, F., Fortin, M., Guilemot, J.-P., & Lepore, F. 2004 Early- and late-onset blind individuals show supra-normal auditory abilities in far-space. *Current Biology*, **14**, 1734-1738.

Ⅳ章

土井善晴　2012　土井善晴のレシピ100　学研プラス
Gaver, W. 1993 What in the world do we hear?: An ecological approach to auditory event perception. *Ecological Psychology*, 5.［黄倉雅広・筧　一彦訳　2001　いったい何が聞こえているんだろう？——聴くことによる事象の知覚へエコロジカル・アプローチ　佐々木正人・三嶋博之編訳　アフォーダンスの構想——知覚研究の生態心理学的デザイン　pp.127-171　東京大学出版会］
Gibson, J. J. 1979 *The ecological approach to visual perception.* Boston: Houghton Mifflin.［古崎　敬・古崎愛子・辻　敬一郎・村瀬　旻訳　1985　生態学的視覚論——ヒトの知覚世界を探る　サイエンス社］
本田　学　2012　感性的質感認知への脳科学的アプローチ　映像情報メディア学会誌, **66** (5), 343-348.

伊藤精英　2006　容器から液体が溢れないようにするにはどうすれば良いか．日本特殊教育学会，44，158-159.
伊藤精英・木村健一　2010 「唐揚げ調理」における揚がり具合の判断における料理音の役割　HCG シンポジウム2010論文集，CD-ROM I-7.
Ito, K., & Sawada, M.　2019　Inaudible high-frequency waves facilitates active perception-action cycle. 20th International Conference on Perception and Action (ICPA20).
岩宮眞一郎・山内勝也・藤沢　望・小澤賢司・小坂直敏・高田正幸著　日本音響学会編　2010　音色の感性学——音色・音質の評価と創造（音響サイエンスシリーズ１）　コロナ社
熊田ムメ　1955　音感による調理の指導　広島女学院大学論集，4（1)，47-49.
望月　修・丸田芳幸　1996　流体音工学入門——ゆたかな音環境を求めて　朝倉書店
村田純一　2002　色彩の哲学　岩波書店
大橋　力　2017　ハイパーソニック・エフェクト　岩波書店
佐々木正人　2020　あらゆるところに同時にいる——アフォーダンスの幾何学　学芸みらい社
視覚障害者調理指導研究会編　1981　視覚障害者の調理指導　社会福祉法人視覚障害者支援総合センター
田矢晃一　2009　水流・せせらぎの音　騒音制御，33（6)，421-424.
Warren, W. H., & Verbrugge, R. R.　1984　Auditory perception of breaking and bouncing events: A case study in ecological acoustics. *Journal of Experimental Psychology: Human Perception and Performance,* **10** (5), 704-712.
山崎　憲・堀田健治・齊藤光秋・小川通範　2008　渓流の音に含まれる超音波が人間の生理に与える影響について　日本音響学会誌，64（9)，545-550.

コラム４
Cabe, P. A., & Pittenger, J. B.　2000　Human sensitivity to acous-

tic information from vessel filling. *Journal of Experimental Psychology: Human Perception and Performance,* **26** (1), 313–324.
Phillips, S., Agarwal, A., & Jordan, P.　2018　The sound produced by a dripping tap is driven by resonant: Oscillations of an entrapped air bubble. Scientific Reports DOI: 10.1038/s41598-018-27913-0.

Ⅴ章
Gibson, J. J.　1979　*The ecological approach to visual perception.* Boston: Houghton Mifflin.［古崎　敬・古崎愛子・辻　敬一郎・村瀬　旻訳　1985　生態学的視覚論──ヒトの知覚世界を探る　サイエンス社］
佐々木正人　2020　あらゆるところに同時にいる──アフォーダンスの幾何学　学芸みらい社
寺田寅彦　1920　雨の音 Ame no Oto（大正９年12月『ローマ字世界』）［寺田寅彦全集第９巻（1997年　岩波書店　pp.120-121）所収］
デビット・ゾペティ　1999　いちげんさん　集英社文庫

なお、本書に登場する音響用語については、下記を参照した。
中島祥好・上田和夫・佐々木隆之・G. B. レメイン著　日本音響学会編　2014　聴覚の文法（音響サイエンスシリーズ８）　コロナ社
日本音響学会編　2003　新版　音響用語辞典　コロナ社

伊藤　精英（いとう　きよひで）
公立はこだて未来大学システム情報科学部情報アーキテクチャ学科教授。
1964年生まれ。和光大学人文学部人間関係学科卒業。東京学芸大学大学院教育学研究科修士課程修了。筑波大学大学院心身障害学研究科博士課程修了、博士（教育学）を取得。日本学術振興会特別研究員を経て、2000年に公立はこだて未来大学に着任し、現職に至る。専攻は心理学。専門は聴覚・振動知覚。
北海道函館市在住。

シリーズ編集
佐々木正人　多摩美術大学客員教授、東京大学名誉教授
國吉　康夫　東京大学 次世代知能科学研究センター長・
大学院情報理工学系研究科教授

新・身体とシステム
音が描く日常風景
振動知覚的自己がもたらすもの

2021年2月28日　初版第1刷発行　　　検印省略

著　者　伊藤精英
発行者　金子紀子
発行所　株式会社　金子書房
〒112-0012東京都文京区大塚3-3-7
TEL 03-3941-0111／FAX 03-3941-0163
振替 00180-9-103376
URL　https://www.kanekoshobo.co.jp
印刷／藤原印刷株式会社
製本／一色製本株式会社

ISBN978-4-7608-9394-2　C3311　　Printed in Japan

デクステリティ
巧みさとその発達

ニコライ A. ベルンシュタイン 著
工藤和俊 訳
佐々木正人 監訳

A5判・並製・364頁
本体4,200円＋税

運動の生態心理学とは

運動は、どのようにして環境とかかわりあうのか――。ロシアの運動生理学者ベルンシュタインは、感覚と運動を一体にする「協応」の単位で現代の心理学に大きな影響を与えたが、パブロフの反射学説に反対し、スターリン政権から職を追われた。彼が1940年代に記した７つの論考から、運動研究の最大の関心事のひとつである〈デクステリティ＝運動の巧みさ〉を読み解く。